おりたたみ
自転車
はじめました

星井さえこ

目次

さえこ
旅が好きな会社員。
都内在住。社会人２年目。

ポタ
おりたたみ自転車の妖精。
さえこと会話できる。

「輪行」とは、公共交通機関に自転車を載せて移動することです。自転車の楽しさがぐ〜んっと広がりますよ！
（詳しくは P44、P70）

ブックデザイン
あんバターオフィス

DTP
ビーワークス

MAP
荒木久美子

校正
齋木恵津子

編集
篠原賢太郎

※本書の情報は取材時のものです。

近所の公園で
とてもおしゃれな
女の人を見かけた
SK

はじめに

絵になる風景だったな～
お気に入りのブレンドで淹れたコーヒーと一冊の本をかばんに入れて
相棒のおりたたみ自転車と共に
朝の公園で木漏れ日の中物語の世界へ……
KŌMO
充実した休日って感じ！
想像だけど…
それにひきかえ
私ときたら…
スーパーで買いだめして
ネットして
グダグダして
寝るだけ
はっきり言って休日の過ごし方として雲泥の差！
!?

でも…だって…
平日は
今日中に仕上げないと…
仕事でいっぱいいっぱいだし
家に帰ったらバタンキュー
掃除 洗濯は週末にまとめて
そんな私に休日を充実させる余裕なんて
ブン
ブン
ないんだよー！
じゃあこれからもずっとそのままでいいの？
忙しさ しんどさを理由にして
そのまま生きていくわけ？

私だって
がんばってるん
だよ…
ほっといて…
…最近
学業や仕事に
追われるあまり
自分を見失う人が
多いと感じる
自分らしく
楽しんで生きてこその
人生なのに
人間はなんて
おろか
なのだろう

ジャー
グワン
グワン
ウィーン
ガァー
ガシャ
パッサッ
パッサッ
…今日は
いい天気だな
非常の時は
ここを破って
隣戸へ避難できます
ホーホッ
ホホー
ホーホッ
ホホー

つづく

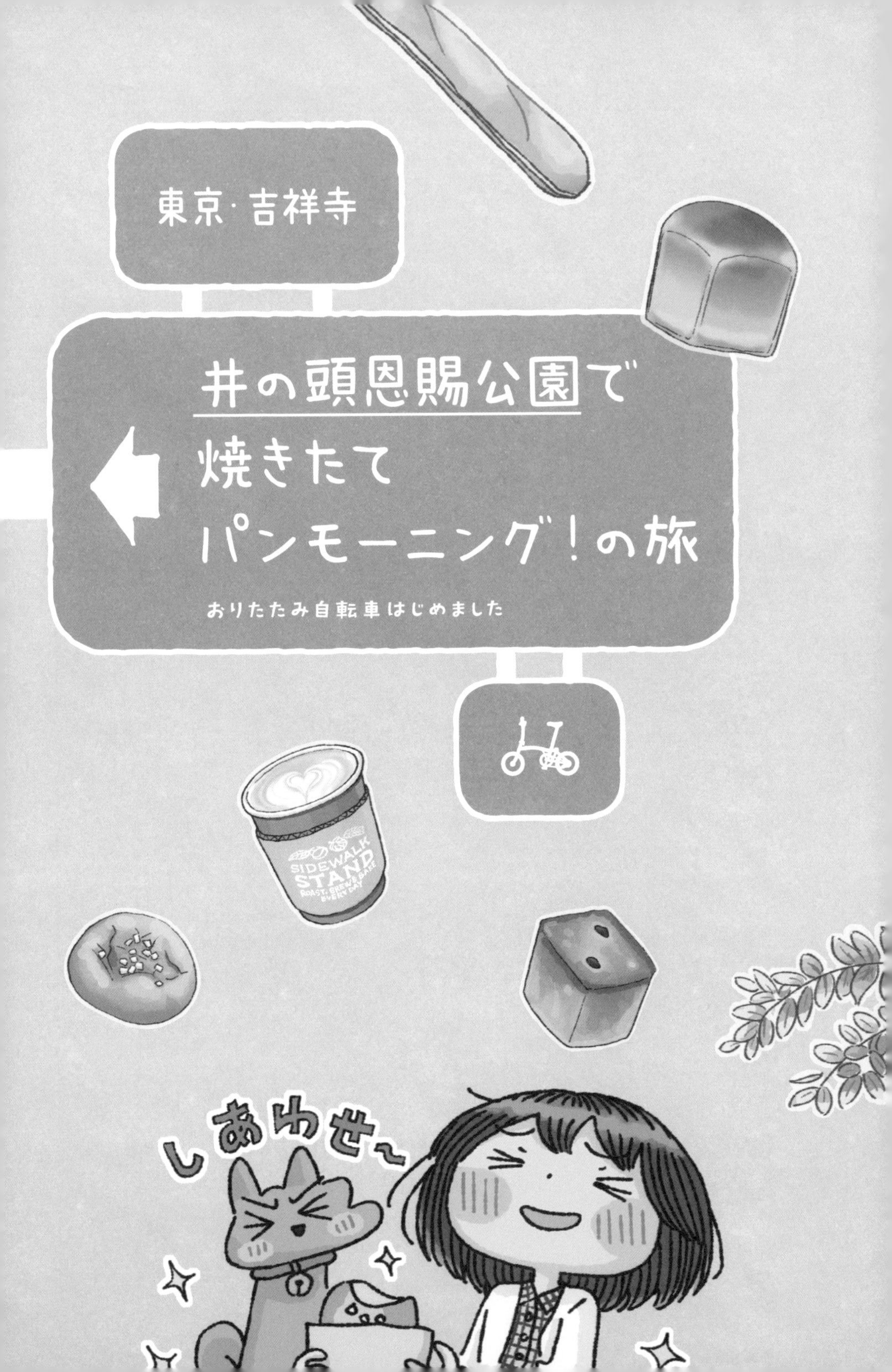
東京・吉祥寺
井の頭恩賜公園で
焼きたて
パンモーニング！の旅
おりたたみ自転車はじめました
SIDEWALK
STAND
ROAST, BREW & BAKE
EVERY DAY
しあわせ〜

わあ！
とってもいい天気！
よーし
今からモーニングを食べに行こう！
新しく買ったこの愛車で！

モーニング？
この近くにモーニングが食べられるお店なんてあるの？
あふ
駅前の公園のまわりに朝からやってるカフェがあるらしいんだ昨日まとめサイトで見た
昨日…
はい
はい！
かしこまりました！
カチャ…
カチャ
カチャ
月曜日中にお送りします！
井の頭公園近辺のモーニングのあるカフェ10選
目次
1 カフェ アサヤッテル
DENAI
持ち物はとりあえず自転車の鍵とおさいふ…
あと本も持って行って読書なんてしようかな？
あの人に影響受けまくりやん…
よーし
オーッ
出発!!
……
えーっとどうやって組み立てるんだっけ…
お店で教えてもらったのに…

グイッ
自転車ってこんなに爽快だったっけ…！
スイーッ
カラカラカラカラ
通学で使ってた頃とは違って
決まったルートも時間縛りもない
どこへでも行ける自由なつばさって感じ！
ヒュー
ガタ
ガタ

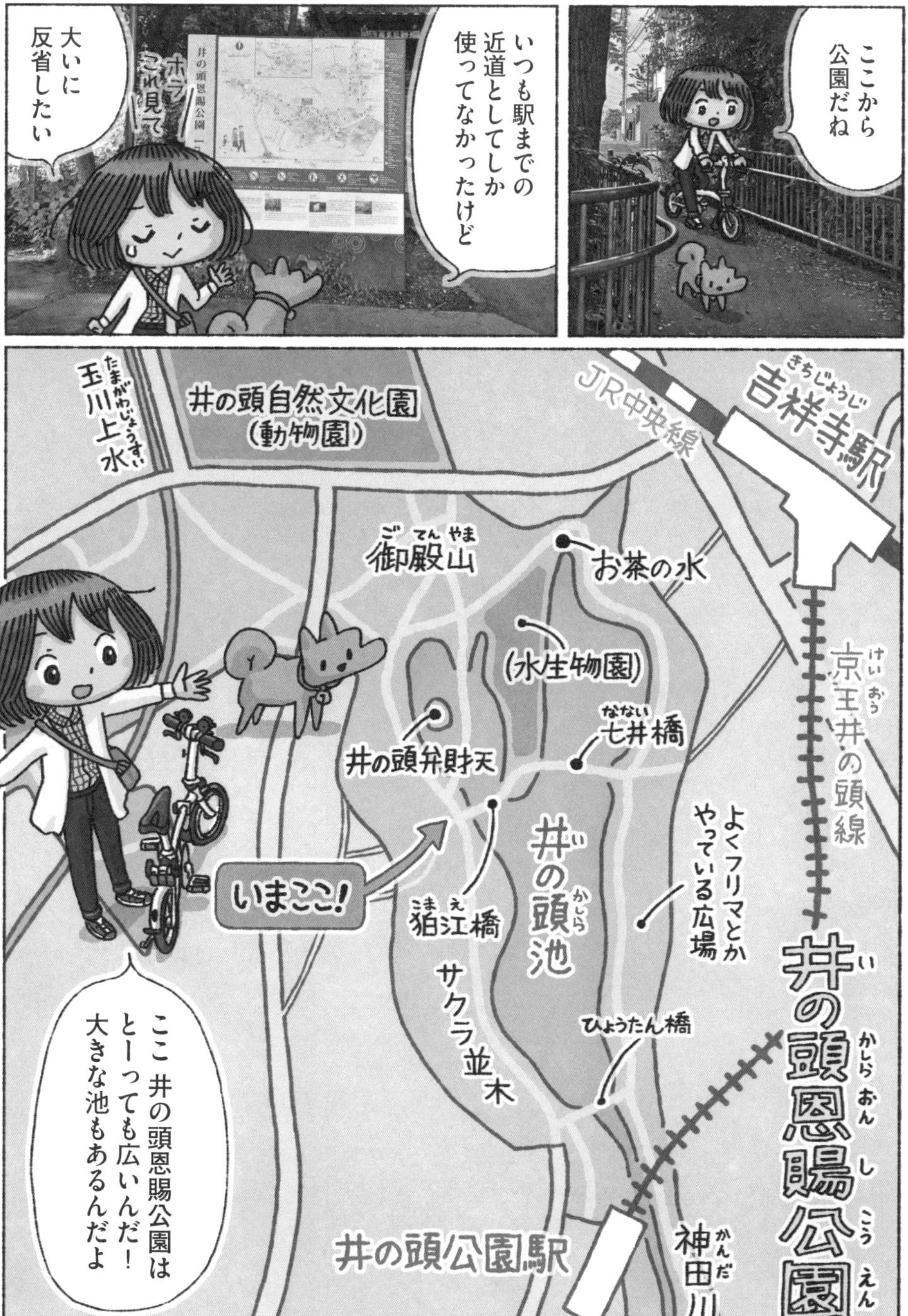
ここから公園だね
いつも駅までの近道としてしか使ってなかったけど
ホラこれ見て
大いに反省したい
吉祥寺《きちじょうじ》駅
JR中央線
玉川上水《たまがわじょうすい》
井の頭自然文化園
(動物園)
御《ご》殿《てん》山《やま》
お茶の水
(水生物園)
井の頭弁財天
七井《なない》橋
京王《けいおう》井の頭線
いまここ!
狛《こま》江《え》橋
井《い》の頭《かしら》池
よくフリマとかやっている広場
サクラ並木
ひょうたん橋
井《い》の頭《かしら》恩《おん》賜《し》公《こう》園《えん》
井の頭公園駅
神《かん》田《だ》川
ここ井の頭恩賜公園はとーっても広いんだ!大きな池もあるんだよ

井の頭恩賜公園の池は
古くから江戸・東京の飲み水として
大切にされてきました
今でも水質を守るため
池のまわりの自然は
大事に守られています
チュン
チュン
公園の近くに
モーニングが食べられる
すてきなカフェが
点在している
らしいんだ
東京はつくづく
おしゃれだんべよ
おのぼりさんズ
朝の公園って
こんなにさわやかなんだ!
どうして今まで
来なかったんだろう
たしかに
にしても
さー
街なかの喧騒《けんそう》が
嘘みたいな
静かさ!
ぜいたくな
気分
七井橋

チュン
チュン
水が湧き出してる！
説明書きによると
徳川家康が愛した湧水らしい
お茶の水
弁財天さまって水の神様なんだよね
井の頭弁財天
公園の中に
動物園まであったんだ！知らなかった…
夏はナイトズー（夜間開園）もやっているらしい！
井の頭自然文化園
ヴゥ〜
!

腹が減ってはサイクリングはできぬ…
そろそろモーニングタイムだね
お店はこの坂の上らしい！
少しの坂でもすぐ降りる私…
あれっ
やってないし！
おかしいな～
さ～え～ちゃ～ん
え～っ
Resta
Sorry, CLOSE
あれっ…
Cafe
CLOSE
カフェテリア
本日は終了しました
なんで？
……
10選
だっ大丈夫まだ候補はあるから
あと9コも

話が違う…
…さない
まとめサイト
ゆるさない…
いかがでしたか？
いかがでしたか
じゃねーよ!!
便利に使ってたくせに…
※どうやらモーニングは曜日や季節限定のようです。
毎度有難う御座居ます
ガシャ
コン
ピ
あーん
今頃公園近くのカフェで
優雅なモーニングを頂いているはずだったのになぁ～
CAFE
烏龍茶
現実はきびしい!
家に帰ってパンでも食べますか～
ダネ
あれっ
パン屋さん!?
やってる！
SIDEWALK STAND
ESPRESSO, CRAFT BEER & ARTISAN BREAD

こちらは 京王井の頭公園駅からすぐの所にある小さなコーヒースタンド
コーヒーの味はもちろんのこと建物の二階にある工房で職人さんが毎日焼いているパンはどれも絶品です！
コーヒーとともにできたてのパンをテイクアウトして井の頭公園の緑の下で広げれば すてきなモーニングの完成です！
クリームパン
黒豆パン
ミルクフランス
マウンテン
カフェラテ
SIDEWALK STAND
自家焙煎コーヒーと自家製パン
SIDEWALK STAND ROAST, BREW & BAKE EVERY DAY
毎朝9時からやってるらしいですよ！
SIDEWALK STAND INOKASHIRA

テイクアウトしました。
MOGU
しあわせ〜
カフェでモーニングはできなかったけど
楽しい…
これはこれですてきな朝のサイクリングだったかもしれない！
この新しい自転車でもっといろんな場所に行ってみたくなったのでした
もうまとめサイトは見ない！
ねにもつ…
おしまい

MAP & DATA 井の頭恩賜公園

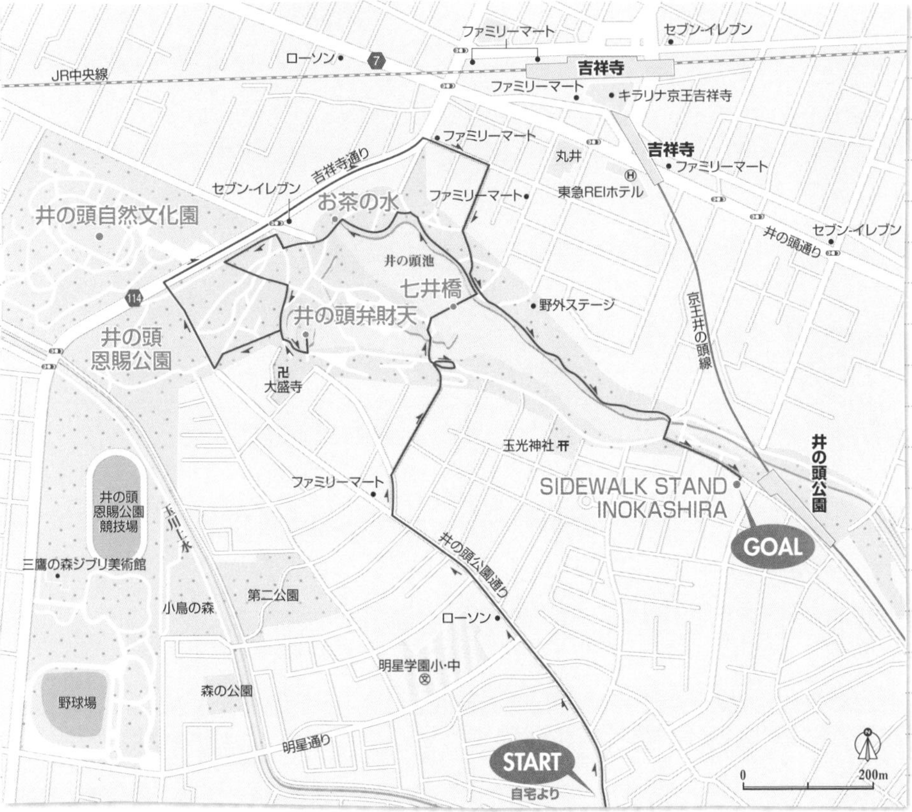

季節：春（5月）　天気：晴れ　輪行：なし　宿泊：なし　走った距離：約5km

旅の大変度	低← ★○○○○ →高
旅の方向性	文化系← ○★○○○ →運動系
街なかなのに森林浴できる度	低← ○○○○★ →高

さえこMEMO

はじめてのサイクリングは、私の家の近所にある井の頭恩賜公園へ。ほんの数キロの道のりですが、森あり、池あり、商店街ありと変化に富んだ、楽しく気持ち良いルートでした。公園内では自転車はゆっくり走りましょう。

➡SPOT DATA

井の頭恩賜公園　武蔵野市御殿山1-18-31

SIDEWALK STAND INOKASHIRA

三鷹市井の頭3-31-15

こんな服装で行きました
サイクリングがしやすい服装を選ぼう
かかとが動かしやすい靴が良いです。（ローカット）
伸縮性のあるストレッチ素材のパンツ。
近所のサイクリングは普段着で手軽に♥
チェックしてね
元気
薄手の上着
シャツ
小さいショルダーバッグ
ストレッチジーンズ
スニーカー
かばんのなかみは
自転車の鍵
高価なおりたたみ自転車は鍵を複数つけるのが基本らしいので後に買い足すことになります…
ハンカチ
ポケットティッシュ
リップ
サイクリングは唇《くちびる》が乾燥しやすいのでリップは必須です！
ABUS
おさいふ
スマホ
ウェットティッシュ
食事をするので持って行きました。ちょっと手が汚れたときなどサイクリングで結構役立ちます。
ショルダーバッグはサイクリングのじゃまにならず、快適です！

朝の日差しと噴水…♡

旅の写真館

井の頭恩賜公園

ヨーロッパの公園みたい…!!

緑色の藻がきれいな井の頭池
モネみが深いです

公園の中を走る井の頭線

めっちゃせり出している木！

朝の散歩は
気持ちいいワン

石造りの橋

かわいい井戸！

営業開始前でまだお休みしているアヒルサンチーム ↗

朝パン…！

焼きたて！

コーヒーのいい香りが！

朝の公園で食べるパン

UMA～

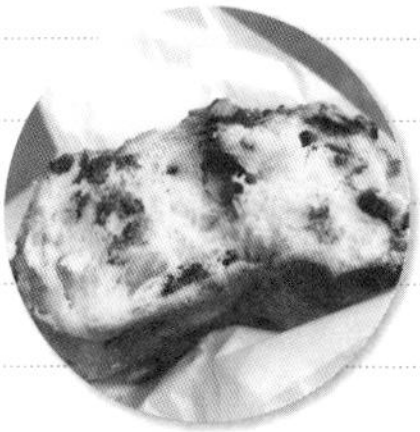

中はモッチモチ！

ここの踏切ですきまにハマッて転びそうになりました…気をつけて！

おまけ

注意書きはちゃんと見ようの図

コラム

おりたたみ自転車とは

おりたたみ自転車とは
車体をおりたたんで
コンパクトにできる
自転車のこと。

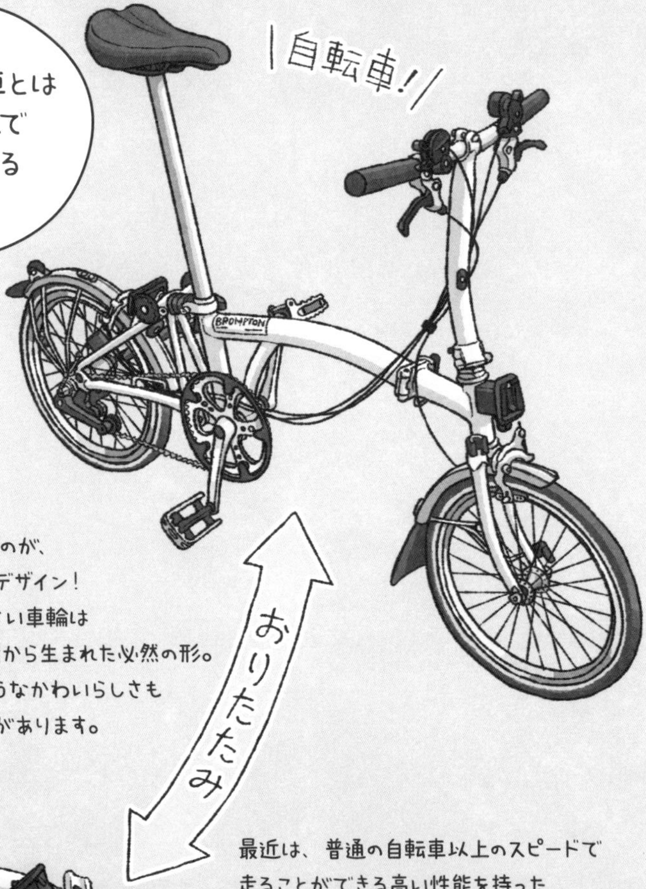

なんといっても注目したいのが、
そのおしゃれで個性的なデザイン！
独特なフレームの形と小さい車輪は
「おりたたむ」という機能から生まれた必然の形。
でも、どこか生き物のようなかわいらしさも
感じさせる不思議な魅力があります。

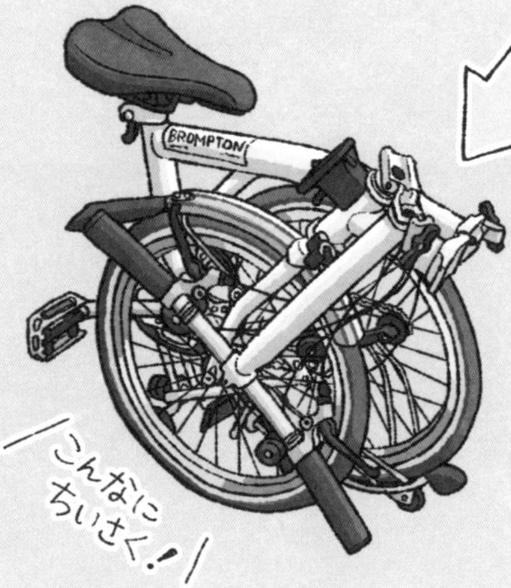

最近は、普通の自転車以上のスピードで
走ることができる高い性能を持った
おりたたみ自転車も増えてきました。
その上、軽くてコンパクトで持ち運びやすい。
おりたたみ自転車は、ファッショナブルで
実用的な乗り物なんです！

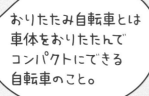

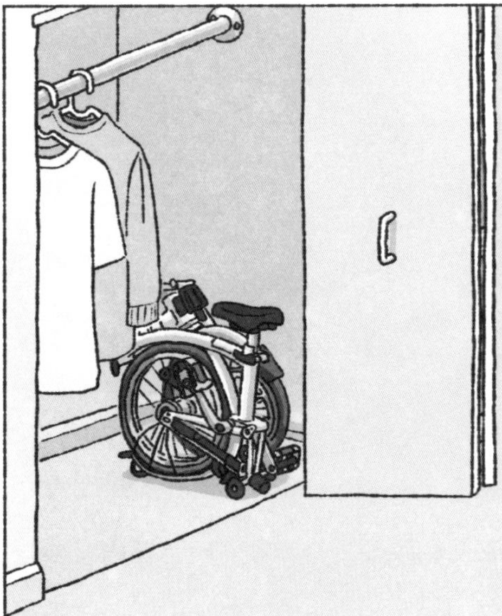

おりたたみ自転車の良いところ!

①収納できる

クローゼットや玄関など家の中に置いておけるので、駐輪場は必要ありません。また、盗難や汚れの心配もないので安心です。

②連れて行ける

おりたたんで自動車や鉄道、船など他の乗りものに載せることができるので、遠いところへも手軽に連れて行くことができます。

③小さくてかわいい見た目

小さな車輪とコンパクトな車体がとってもキュートでファッションとして映えること間違いなし!

おりたたみ
自転車
はじめました

東京・板橋区～北区

荒川河川敷の早朝サイクリングで青春を感じる！の旅

おりたたみ自転車はじめました

ゴトンゴトン
ゴトンゴトン
タタンタタン
タタンタタン
私は今早朝の電車に乗っています
ガタンガタン
ガタンガタン
おりたたみ自転車を連れて!
タタン
タタン
ムニャムニャ……
んあ⁉
ここは一体どこだーー!
タタン
タタン
キーィ
キーィ

1か月ほど前のこと…
へぇ〜
おりたたみ自転車って
電車にも載せられるんだ
これならいろんな所に行けて楽しそうかも
kilogram
TRAIN
早速まねして必要なものを購入
通販
おりたたみ自転車を収納する専用の袋なんだって!
輪行袋
どれどれ…
……
でん
なんかめちゃめちゃ重いしそもそもこんな目立つ物体を持って駅の中を歩くなんて恥ずかしすぎる…
やめよっかな
おい
じゃあさ
試しになるべく人のいない始発電車とかで試してみようよ
せっかく買ったんだからね?
そうだった…

5:45
そんなわけで電車を降りたのは
都営地下鉄 西台駅
都営三田線の西台という駅
キョロ
キョロ
意外とあんまり注目されてない
ホッ
他人に興味がないのかドン引きしているのか
ちなみにこのように自転車を公共交通機関で運ぶことを「輪行《りんこう》」と言います
自転車を組み立てたらサイクリングのスタートです
タタン
タタン
さむ〜!

ところで さえちゃん
おいらたちは一体
どこへ向かっているの？
川だよ！
川？
この前
出張で
電車に乗って
いたら
途中で大きな
川が見えてさ
川沿いに
自転車で走ったら
めっちゃ気持ち
良さそうな道！
があったんだよ！
Ukimafunado
ガタン
ガタン
ガタン
ガタン
今日の目的地は
そこです
な〜るほど
たぶん
この堤防を
上がれば…
←左右にスロープあります→

そこが荒川です!
タタン タタン

チュン
チュン
ひっ広〜い！
タタン タタン

電車から見るよりもずーっと広大に感じるよ！
こんな所が都内にあるなんて！
ファイオー ファイオー ファイオー
朝練…
ファイオー ファイオー
寒いのに朝からえらいな～
ボォーーー
ハイ！ハイ！ハイ！
朝の河川敷ってなんだかとっても青春！
この空気感懐かしい…

道が！
ずーっと まっすぐ 続いているよ
ヒャッハーー！
思い返すと 私は高校時代 演劇部に入って いました
もともと 家にこもって 絵ばっかり 描いていた私
人前に立って 自分の全身と声で 相手に想いを伝える 「演劇」
アメンボ 赤いな アイウ エオ！！
※発声練習です
私がそんな世界に 憧れたのは 自分の今までの 殻から 抜け出したかった からだと思います
きっと 青春って 自分を変えたいと強く思う その気持ちのことなんだ
そういう意味では 最近はじめた この「おりたたみ自転車」も 同じかも
私にとって 自転車は 青春のつづき なのかもしれない…
なんてね！

あっなんだか
かわいい水門がある！
このあたりで朝ごはんにしようか
旧岩淵水門
いいねー！
魔法びんで持ってきたあっあつのコーヒー！
じゃじゃん
昨日の夜作った自家製サラダサンドイッチです！
わー！さえちゃんやるー！

今は朝の7時すぎ…普段の土曜日だったらまだ寝ているよね
爆睡だね
チュンチュン
冬の朝のピンと張り詰めた空気の中川沿いで食べる朝ごはんって
最of the高
チュン
この朝ごはんもさえちゃんががんばって早起きして電車と自転車に乗ってきたからこそ!
自転車を買う前には考えられなかったことだよ!
たしかに
むくっ
よし
スウー!ッ
アメンボ赤いなアイウエオーー!
え!?
おしまい

MAP & DATA 荒川河川敷

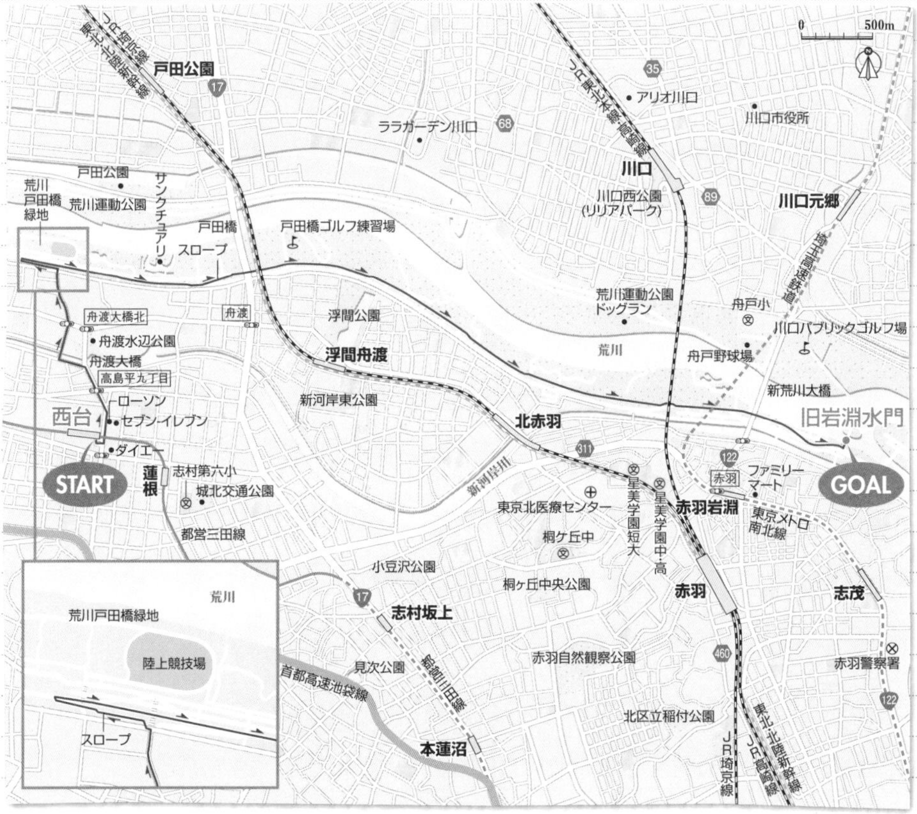

季節:冬(12月)　天気:晴れ　輪行:あり　宿泊:なし　走った距離:約8km

東京都交通局のおりたたみ自転車の持ち込み条件は以下の通りです。三辺の最大の和が250cm以内、30kg以内、おりたたんで専用の袋に収納したもの。また、「運輸上支障を生ずるおそれがないと認められるとき」にのみ持ち込めると定められています。

旅の大変度　低← ○ ○ ★ ○ ○ →高

旅の方向性　文化系← ○ ○ ○ ★ ○ →運動系

冬の日の出に感激度　低← ○ ○ ○ ○ ★ →高

さえこMEMO

輪行初挑戦の今回は、早朝の地下鉄に乗って荒川に日の出を見に行くというプラン。荒川河川敷の広大な景色と、そこから見る日の出は本当に感動的でした。平坦で走りやすいルートですが、冬はかなり寒いので対策は万全に。

こんな服装で行きました
夜明け前に出発したので気温が低かったですが、防寒対策をちゃんとしておいたので寒さはある程度しのげました。
□マフラー
冬のサイクリングは何といっても防寒対策が重要です。特に走るときに風を受ける部位の対策は入念に。
マフラーは車輪に巻きこまれないよう気を付けて。
□手袋
手袋は絶対必須!!です。一番風が当たりやすい部位でしかもずっと動かさないので、本気で凍りそうになります(経験あり…)。
スマホをタッチできるものが便利です。
□ダッフルコート
□セーター
□カイロ
□ベルベットの暖かいパンツ
□レザーショートブーツ
かばんのなかみは
バックポケットに
□おさいふ
□スマホ
□リップ
□ライト
サイドポケットに
□自転車の鍵×2コ
□魔法びん(コーヒー入り)
□輪行袋
自転車を公共交通機関に載せる時に使う袋。サイクリングのときはたたんでバッグの中へ。
□自転車の専用バッグ
思い切って買ったブロンプトン専用のバッグ。容量20L。ワンタッチで自転車に取り付けられ、外してショルダーバッグにもなる優れもの。
□ポケットティッシュ
□ウェットティッシュ
□ハンカチ
□コップ
□サンドイッチ
前日夜に作ったもの。

旅の写真館
荒川河川敷

ZZZ…

水門の上で記念撮影

操車場で眠る三田線の車両たち…

夜明けの荒川　ツンとはりつめた空気と透き通った空の美しさ!!

刻々と変化する空の色

新岩淵水門の奥から昇る日の出…感動!!

海から26kmという意味らしい

↖ハトのカップル

旧岩淵水門の堂々とした風格！今は水門としての役目を終え、保存されています

サンドイッチは
分けてあげないよ

↗愛用魔法びん

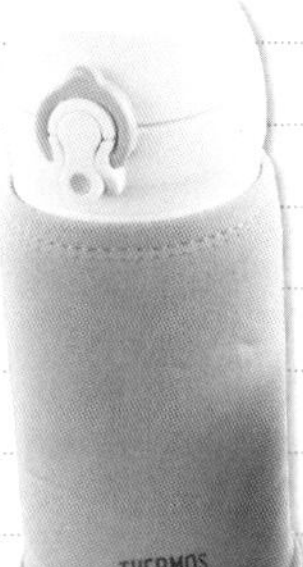

家でいれてきたコーヒー
アツアツで
生き返る！

崖の上のポニョみたいな
小さくてかわいい船！

コラム

輪行とは

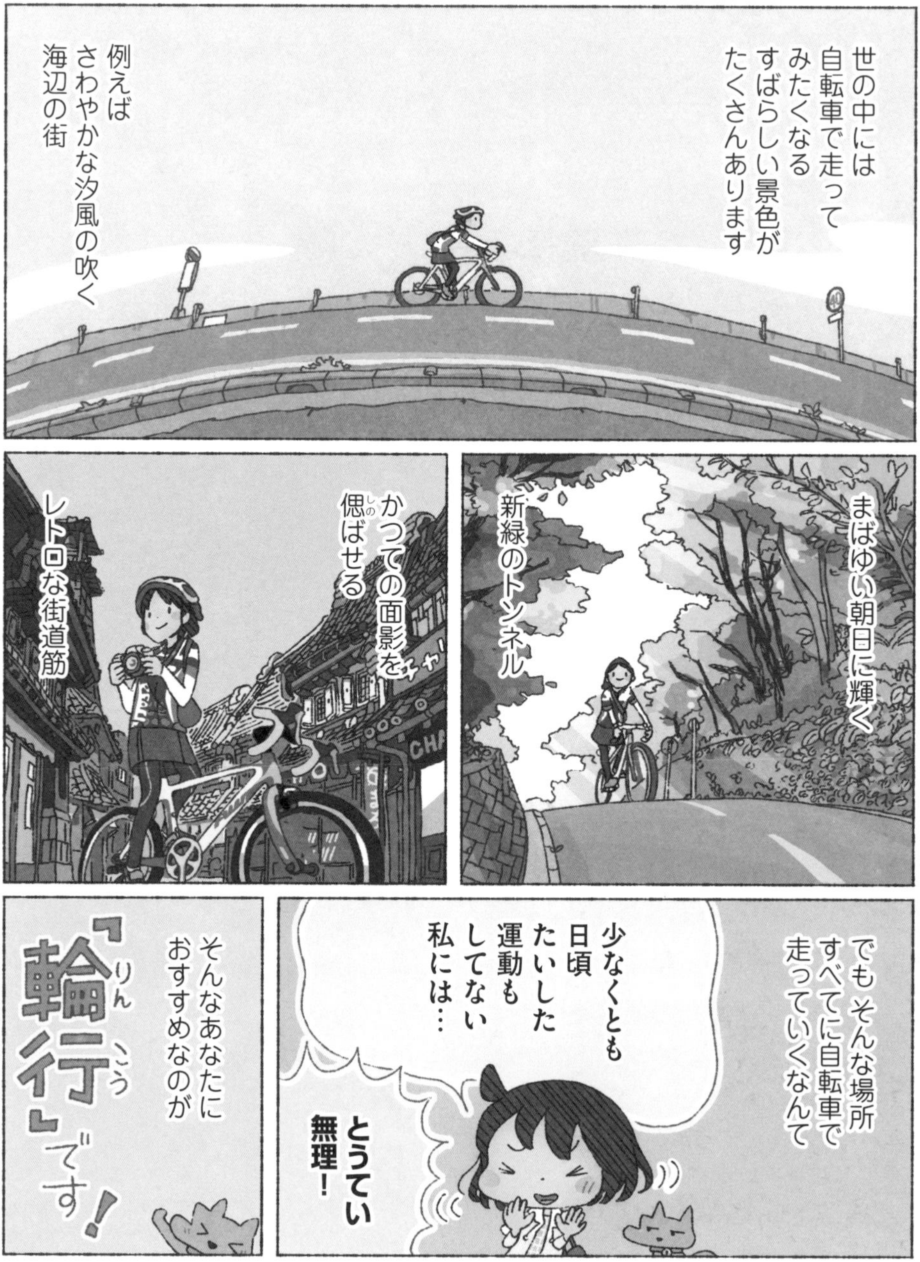
世の中には自転車で走ってみたくなるすばらしい景色がたくさんあります
例えばさわやかな汐風の吹く海辺の街
まばゆい朝日に輝く
新緑のトンネル
かつての面影を偲《しの》ばせる
レトロな街道筋
でもそんな場所すべてに自転車で走っていくなんて
少なくとも日頃たいした運動もしてない私には…
とうてい無理！
そんなあなたにおすすめなのが
「輪《りん》行《こう》」です！

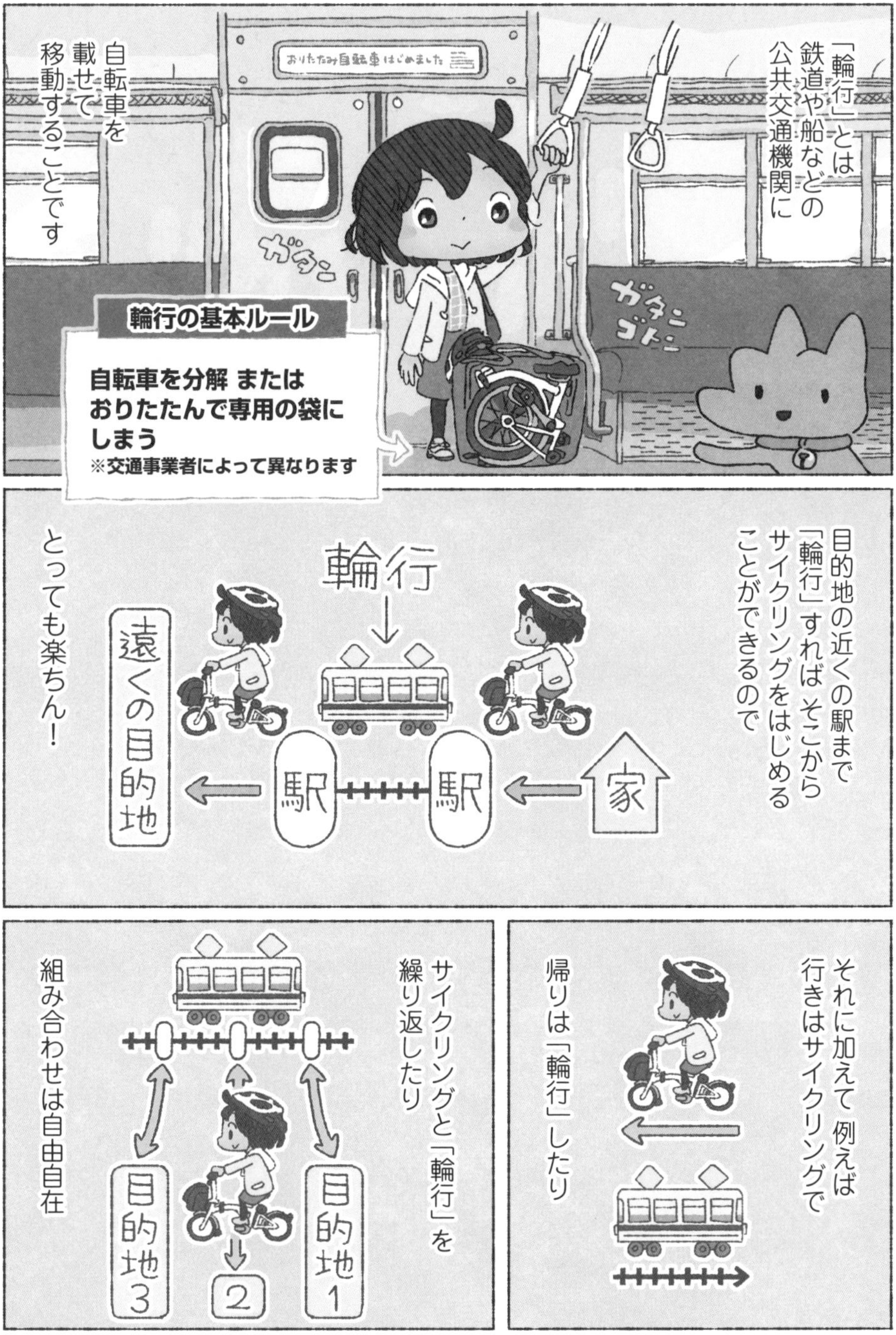
「輪行」とは鉄道や船などの公共交通機関に
おりたたみ自転車はじめました
自転車を載せて移動することです
ガタン
ガタンゴトン
輪行の基本ルール
自転車を分解 または おりたたんで専用の袋にしまう
※交通事業者によって異なります
目的地の近くの駅まで「輪行」すれば そこからサイクリングをはじめることができるので
輪行
家
駅
駅
遠くの目的地
とっても楽ちん！
それに加えて 例えば行きはサイクリングで
帰りは「輪行」したり
サイクリングと「輪行」を繰り返したり
目的地1
2
目的地3
組み合わせは自由自在

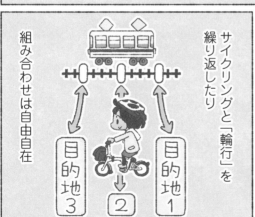

ふと立ち寄った知らない街ですてきな景色をさがす旅とか…
山奥の秘湯をめざす旅とか！
チャリと来た。
#チャリと来た。
新大阪《しんおおさか》
Shin-Osaka
しんこうべ
輪行すごい!!
新幹線やフェリー飛行機などと組み合わせれば日本全国どこでもサイクリングができます

駅
さらに疲れたときやパンクしたときも近くの駅から電車に乗ればどこからでも帰ってこられるのも安心なところ
「輪行」をすればいろんな所へ自転車と行けるのかぁー！
でもそもそも…電車に自転車なんて持ちこんでいいのかな？
1
多くの交通事業者では自転車を①分解またはおりたたみ②専用の袋に収納すれば
無料で車内に持ち込める規定になっています
ただし混雑する時間は避ける
できるだけ邪魔にならない場所に置くなど
周りの人の迷惑にならないよう最大限配慮しましょう

※事前によく確認してください。

「輪行」するのに必要なものは大きく次の３つ
①
分解できる自転車（ロードバイク ランドナー マウンテンバイクなど）
あるいは
おりたたみ自転車
②
輪行袋（自転車を収納する袋）
のとき
③
分解・組み立てに必要な工具
「輪行」がはじめての人におすすめなのがおりたたみ自転車です
工具不要ではじめてでも簡単！「輪行」時もコンパクトだし…
形もかわいいものが多い！

おりたたみ自転車って
家の玄関とか車にしまう
ためのものかと思っていたけど…
旅のお供にも
最適なんだ！
おりたたみ自転車
その通り
です！
そんなわけで
誰でも自転車旅を
楽しむための…
気軽に
「輪《りん》行《こう》」
あなたも
はじめてみませんか？

2020
味じまん
コロッケ
トンカツ
メンチカツ
コロッケ
こんな路《ろ》地《じ》裏《うら》に!?
味じまん
やってる!
…コロッケ……
ここだけの話《はなし》
わたしはサイクリング中《ちゅう》のお肉屋《にくや》さんコロッケが大好物《だいこうぶつ》なのだ
くるっ

理由《りゆう》は3つある
その1
お店《みせ》に入《はい》らずに買《か》えてらくちん！（なことが多《おお》い）
コロッケひとつ
その2
手《て》軽《がる》に食《た》べられるサイズとお値《ね》段《だん》！
120円《えん》です
ハイどうぞ
その3
お店《みせ》ごとに色々《いろいろ》な味《あじ》が楽《たの》しめる！
いいにおい
そしてこれを景《け》色《しき》のよい所《ところ》で頂《いただく》くというわけ
街《まち》角《かど》で出《で》会《あ》える小《ちい》さな幸《しあわ》せ♡
メンチカツも買《か》えばよかったな
ふとるよ…
おしまい

おりたたみ
自転車
はじめました

東京・神田～蔵前

蔵前でジブン色のインクを作ろう！の旅

おりたたみ自転車はじめました

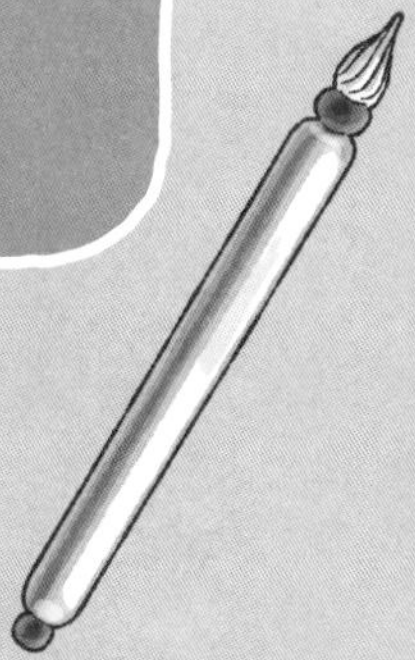

わあ！
すてきなインクの色！
へへへ実はこれ蔵前のインク屋さんで作った私オリジナルのインクなんです
ええっスゴーイ！
クミちゃん
会社の後輩
自分だけの色を作ってお気に入りの万年筆に入れれば普段の事務作業も気分が上がるってもんです！
いいな〜！
万年筆っていうのがまた
大人って感じでしぶい！
でしょ！
さえこさんも作ってみたらどうです？
この仕事引き受けて頂けたら
お店教えちゃいますけど
うわーやり手
てへ

JR神田駅
そんなわけで自己犠牲を払ってお店の情報をゲット
楽しみ楽しみ〜
輪行してきました
今日は東京都心サイクリング！蔵前のインク屋さん近辺をぶらぶらしようと思います
神田駅には牛乳専門の売店「ミルクスタンド」があります
都営浅草線
蔵前《くらまえ》駅
インク屋さん
てきとうに北上する
約2.5km
JR中央線
神田《かんだ》駅
輪行してきました
電車で何度もめんどうな乗り換えをするより
自転車で街を一直線に進むこれ自転車乗りの最高のぜいたくです！
あっここだ！
inkstand by kakimori
ガチャ
予約していた星井です！
大人気ですから早め早めの予約が絶対ですよ〜！

いらっしゃいませ
こちらへどうぞ!
スタッフの岡本さん
あの…これ自転車なんですが置かせてもらってもいいですか?
すみっこでしたらかまいませんよ
袋に入れて!
こういうときもおりたたみは便利!
わーっ! キレイ 本格的ー!
でも…私にできるのかなぁ…!?
さえちゃんにできるのかなぁ…
inkstandのセルフ調色セット
ご予約席
Reservation Seat

ペットは入れません。

Daruma
Blooming Pink
Velvet Purple
Meteorite
Foggy Violet
Dress Blue
Puddle

ビーカーとスポイトを使って17種のインクを組み合わせていきます
比率を変えれば様々な色が作れるので自分だけの1色を見つけてくださいね
はーい
ビーカー
スポイト
どんな色が作りたいか事前にイメージしておくと当日あわてないいんです！
んー
私はグリーンとブルーの中間くらいの色が好き！
文字が読みやすいようにはっきりした色で
でも暗いイメージにはしたくないな
つまりどれを組み合わせればいいんだろう…？
配合の見本帳がございますよ！
むず…
Smokey Black
Soil Brown
Harvest Gold
Cactus
Lime Shock
Twinkle Yellow
Dried Papaya

ポトッ
ポトッ
ポトッ
くる
くる
わっ
キレイな
色になった！
すごい
見本帳通りに
作ったから
当然では…
これを元に
オリジナルに
してゆくのだよ
黄色を少し
加えると
鮮やかに！
薄め液を
加えれば
淡い色合いに
なる！
やりはじめてみると
色がどんどん
変わる面白さに
時間を
忘れて
熱中して
しまい
ました
こうすると
どうなるんだろ
……

完成したインクカルテ！
名付けて
「さえこブルー」！
名前だっさ!!
では作成頂いたカルテをもとにスタッフがインクを配合・瓶詰めします
1時間後に再度お越しください
やりきった感
ハーイ
インクを入れる万年筆も買わないとな～
あのー
自転車でお越しでしたらここから少し行った所に私どものやっている文房具店がございます
すてきな万年筆がいっぱいありますよ！
アピール上手ですね！
というわけで教えてもらった文房具店へ行ってみることに
おしゃれなコーヒー屋さんもある

地方出身者としては東京は電車で移動する所ってイメージがあるけど
都心でも意外と自転車で走りやすい場所も多いんだね
道が広い！
このあたりは倉庫が多いんだね
蔵前はもともと江戸時代に米蔵の街として発展してきた地域 令和の今でも倉庫や問屋が数多く立ち並んでいます
輸出木箱
段ボール
倉庫があれば箱屋さんもある
ここだ！文房具屋さん
思っていたより大きい
カキモリ

カキモリでみつけたすてき文具たち！
KAWECO
カヴェコ
ドイツ製の万年筆
Kaweco Sport
レトロなデザイン！コンパクトでとってもかわいいです
キャップを付けると持ちやすい長さに
Kaweco Student
カヴェコのマークがかわいい！
クロムとカラー軸のコンビネーションがかわいいモデルです
Tombow
Tombow Zoom 505
私も愛用しています
このシリーズは書き心地抜群で
カキモリ オリジナル ガラスペン
ガラスペンって見た目が第一のように思われがちですがなめらかな書き心地も魅力なんです！
透明でもよく消える不思議な消しゴム
SEED クリアレーダー
SEED スーパーゴールド
天然ゴム製の最高級消しゴム！
カキモリ オリジナル ローラーボール
透明軸でインクが見える！
自分で作ったインクを入れられるローラーボールペン
ひとつひとつ触って書いて確かめられるのでお気に入りの一本が見つけられますよ！
カキモリのオーダーノート
パーツや中紙を自由に選べる自分だけのノート！
引き出しにペンがぎっしり！

買っちった
…なによ その目
お仕事を がんばるための 先行投資 なんだから これは！
そうそう カキモリで 蔵前の散策マップを もらったよ！
オリジナル散策マップ『カキモリのある町』うすくてすてきな紙！
コーヒーショップから 革製品のお店まで 意外と色々あるんだね 蔵前って
じゃあさ！
まだ時間あるし ちょこっと巡って みない⁉
いいね！

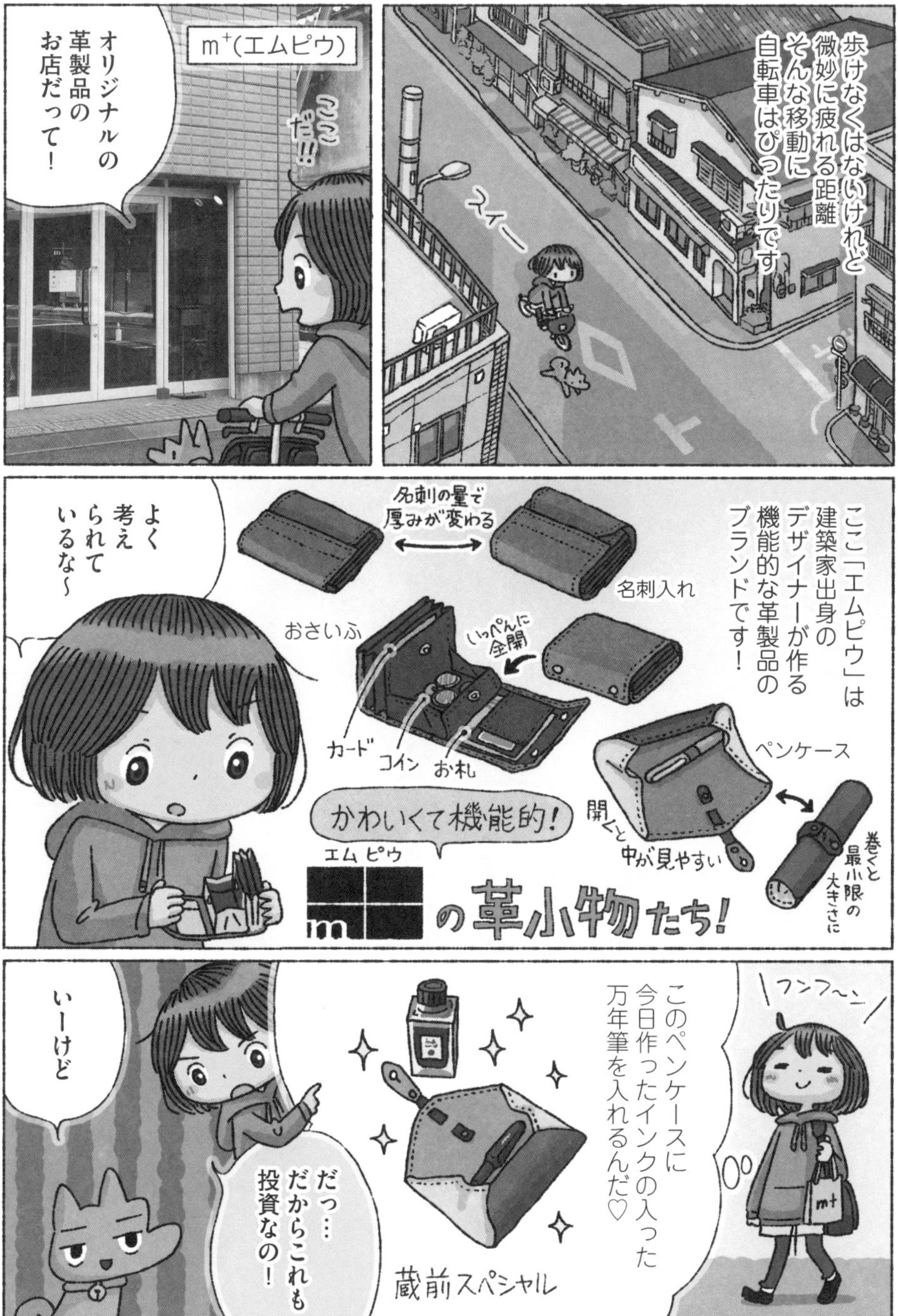
歩けなくはないけれど
微妙に疲れる距離
そんな移動に
自転車はぴったりです
スイー
m+(エムピウ)
ここだ!!
オリジナルの革製品のお店だって！
ここ「エムピウ」は建築家出身のデザイナーが作る機能的な革製品のブランドです！
名刺の量で厚みが変わる
名刺入れ
いっぺんに全開
おさいふ
カード
コイン
お札
ペンケース
開くと中が見やすい
巻くと最小限の大きさに
かわいくて機能的！
エム ピウ
の革小物たち！
よく考えられているな〜
フンフ〜ン
このペンケースに今日作ったインクの入った万年筆を入れるんだ♡
蔵前スペシャル
いーけど
だっ…だからこれも投資なの！

インクスタンドに
戻ってきました
お待たせしました
こちらがあなたの
オリジナルインクです
（さえこ
ブルー！）
ボトルに入ると
満足感がより
高まります！
ink stand
万年筆への
インクの
入れ方なども
丁寧に教えて
くれました
吸引式
とは…
SOL'S
COFFEE
フゥ〜
ひと仕事
やりきった後の
おやつは最高！
SOL'S COFFEE STAND

今日はとっても充実していたね〜
帰ってからの書き初めが楽しみだなぁ
蔵前は倉庫と倉庫の間におしゃれなお店が点在しているちょっと不思議で面白い大人の趣味の街でした

そして後日…

あっクミちゃんコレ！私が作ったインク
わあ！
サラサラ
ありがとう
蔵前のインク屋さん
楽しかった!!
めっちゃすてきな色じゃないですかー！
ふふん
この後の会議で早速使えますね！
…会議!?
面倒な仕事を引き受けたんだった…
いっしょにがんばりましょう！
おしまい

MAP & DATA 蔵前

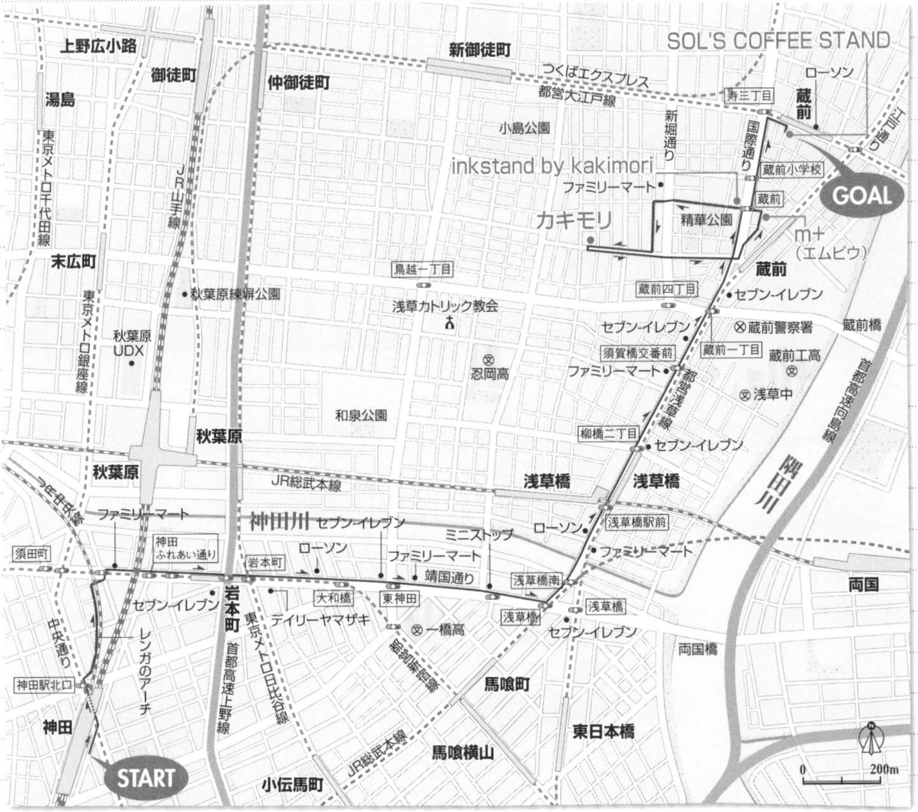

SOL'S COFFEE STAND
上野広小路
新御徒町
御徒町
仲御徒町
湯島
つくばエクスプレス
都営大江戸線
寿三丁目
蔵前
ローソン
江戸通り
小島公園
新堀通り
国際通り
inkstand by kakimori
ファミリーマート
蔵前小学校
GOAL
JR山手線
東京メトロ千代田線
カキモリ
精華公園
蔵前
m+
(エムピウ)
末広町
鳥越一丁目
蔵前
蔵前四丁目
セブン-イレブン
秋葉原練塀公園
浅草カトリック教会
東京メトロ銀座線
秋葉原
UDX
セブン-イレブン
蔵前警察署
蔵前橋
須賀橋交番前
蔵前一丁目
蔵前工高
忍岡高
ファミリーマート
都営浅草線
浅草中
首都高速向島線
和泉公園
柳橋二丁目
セブン-イレブン
秋葉原
秋葉原
隅田川
浅草橋
浅草橋
JR総武本線
ファミリーマート
神田川
セブン-イレブン
ローソン
浅草橋駅前
神田
ふれあい通り
ミニストップ
須田町
岩本町
ローソン
ファミリーマート
ファミリーマート
靖国通り
浅草橋南
両国
大和橋
東神田
セブン-イレブン
岩本町
浅草橋
浅草橋
デイリーヤマザキ
一橋高
セブン-イレブン
中央通り
レンガのアーチ
東京メトロ日比谷線
首都高速上野線
両国橋
馬喰町
神田駅北口
神田
東日本橋
JR総武本線
馬喰横山
START
小伝馬町
0
200m

季節:秋(10月)　天気:晴れ　輪行:なし　宿泊:なし　走った距離:約5km

旅の大変度　低←★〇〇〇〇→高

旅の方向性　文化系←★〇〇〇〇→運動系

自分への投資度　低←〇〇〇〇★→高

➡SPOT DATA

inkstand by kakimori
台東区蔵前4-20-12 クラマエビル1F

カキモリ　台東区三筋1-6-2 小林ビル1F

m+(エムピウ)　台東区蔵前3-4-5 中尾ビル

SOL'S COFFEE STAND　台東区蔵前3-19-4

さえこMEMO

普段電車で移動することの多い都内を、自転車で走ってみると新鮮な発見がたくさん。神田から蔵前ってこんなに近かったんだ!とか、電気街の秋葉原・問屋街の浅草橋など隣町なのに街の雰囲気が全然違うことにびっくりしたり…!

こんな服装で行きました

天気・気温をしっかりチェックして，天候に合わせた服装を

サイクリングは，基本的にアウトドア・アクティビティなので，天候に左右されやすいです。私は，自転車に乗るようになってから今まで以上に天気予報を気にするようになりました。天気・気温をしっかりチェックして，天候に合った服装を選びましょう。

秋の温暖な1日。とびきりの自転車日和でした♥

□ ロングパーカー
おでかけ用でも，室内着でも，パーカーが好きです。
フードなんて絶対使わなくてじゃまなだけなのに…でも良いんです。かわいいから良いんです！
わりとマフラー代わりになって暖かったりします。

□ ジーンズ

□ スニーカー

かばんのなかみは

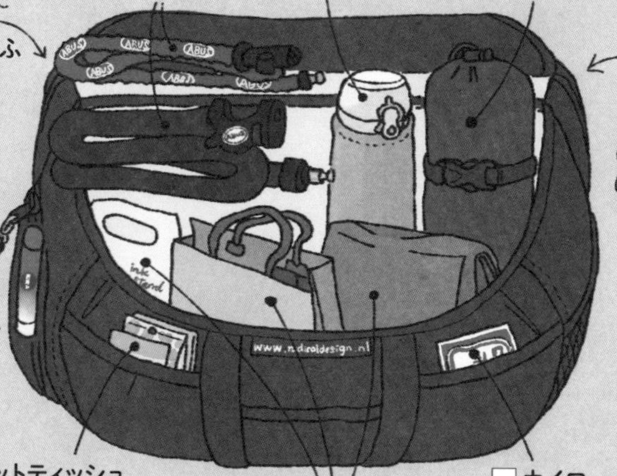

バックポケットに
□ おさいふ
□ スマホ

□ リップ
□ ライト
サイドポケットに

□ 自転車の鍵×2コ

□ 魔法びん
（紅茶入り）

□ 輪行袋

荷物はできるだけひとつのかばんにまとめよう

輪行するときは，ただでさえ自転車が大荷物。荷物は厳選して持って行きましょう。

□ ポケットティッシュ
□ ウェットティッシュ
□ ハンカチ

□ 買ったもの色々

□ カイロ
持って行きましたが使いませんでした。

＼さわやかな
秋晴れの1日／

あじわい深いレンガアーチ

橋がたくさん!!

旅の写真館

蔵前

こういう風景に
"東京"を感じる…

神田川には屋形船がぎっしりと停まっていて風情があります

なんてことのない一角ですが
なんだか絵になります

美味しかった…♡

なんだこれ?

公園で見つけた
不思議な物体

この文字は作ったインクと

一さえこブルー!!

買った万年筆で書きました!

見るだけでワクワク!!
色鮮やかなインクたち

♡買ったものたち♡
仕事で活用してます

コラム

やってみよう輪行

「輪行」の便利さ面白さはわかったんだけどさ…
P44輪行とはを見てね!
いざ自分がやるってなると色々心配だし大変そうだから尻込みしちゃうんだよね
まあわかる
でも!大丈夫
「輪行」はポイントさえ押さえておけばそんなに難しいことじゃないよ!
とにかく一度やってみよう
はーい!
ともあれまずは駅に向かいます
①邪魔にならない場所で自転車をおりたたんで輪行袋に収納します
たたみ方に不安のある人はユーチューブなどで動画を見て練習しておくと安心です

②輪行袋に収納した
自転車を持って
改札へ
おもっ…
肩かけ or 手で持って
自転車は
持つと重いのは
仕様です
電車に乗るまでの
少しの間なので
がんばりましょう
安全のため
エレベーターを
使うのが
おすすめです
③改札を通ります
自転車は体の前か横で抱えるように持ち
ICカードは自分自身が改札機を通過する
タイミングでゆっくりとタッチします
輪行中は周りの人の
迷惑にならないように
最大限配慮しましょう
・混雑する時間は避ける
・駅構内の移動や
車両への乗り降りは
周囲の人が少なく
なったタイミングで
・エレベーターなどは
必要としている人に
率先してゆずる

④いよいよ乗車
先頭車両か最後尾が
広くて空いているので
おすすめです
通路や乗務員室のドアを
ふさがないように
注意しながら
自転車を置きます
自転車は
しっかり手で
支えるか
ベルトなどで
固定しましょう
ホッ
#チャリと来た。
CHARITOKITA
各停
降りるときも
同じ要領で
やれば大丈夫!
やってみれば
意外と簡単
だった!
「輪行」で
自転車を連れて
いろんな所に
行ってみましょう!

⚠ 輪行のここに気を付けよう!

自転車は輪行袋に完全にしまう!
はみ出していると危険!
通路や乗務員室のドアをふさがない!
出られない!
自転車から目を離さない!
倒れたりして人に当たると危険!
ガシャン
常に周りに気を配り余裕を持った行動を!
あぶない!

? 特急車両の場合は?

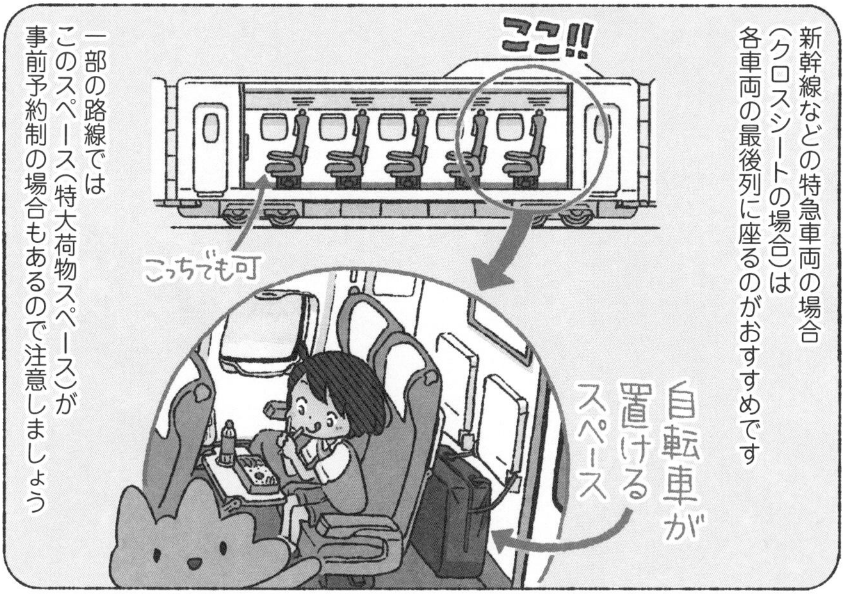

新幹線などの特急車両の場合(クロスシートの場合)は各車両の最後列に座るのがおすすめです
ここ!!
こっちでも可
自転車が置けるスペース
一部の路線ではこのスペース(特大荷物スペース)が事前予約制の場合もあるので注意しましょう

このコラムは 私の経験をもとに輪行時のポイントをまとめたものです
実際は それぞれの交通事業者の規約をよく確認した上で
自己責任・自己判断のもとマナーある行動を心がけてください

おりたたみ
自転車
はじめました

東京・北区

十条・赤羽でお花見 路地裏散策！の旅

おりたたみ自転車はじめました

この陽ざし
この香り
そしてこの風…
スプリングハズカム4!!
自転車の季節です!!
たとえスーパーへの買いものであっても
思わずウキウキしちゃう春のサイクリング♪
…ってあら?スーパーは?
SEIYO
ポタ カバンのなかみをよーく見てごらん
?
輪行袋と鍵 それに… 一眼レフに お弁当…?
そう
買いものなんて後回し
今日はお花見サイクリングだー!!
おーやったー!!

せっかくなら
誰もいない自分だけのお花見スポットでランチしたい！
東京ってこんなに道がたくさんあるし
誰もいない名所なんて探せばいくらでもあるんじゃないかな
見てよこれ 東京はこれだけうじゃうじゃ人がいるんだ
こんなところで誰もいない桜の名所なんて見つかりっこないよ
さえちゃん
道は人が歩くからできるんだよ
それもそうね〜
別にどこだっていいじゃんオイラはお腹ペコりんだよ
ん？
ねぇ何だろ あの道
稲付《いなつけ》の小径《こみち》？
行けるのかな？

シーーン…
うわ！奥に続いてる
この道を進んでもいいのかな…
東京にはいろんな
道があるね
トントン
……
いや 行ってみよっか
こっちなら
もしかしたら
ひとりじめ
お花見スポット
ある
かもね
にしても
この道一体
どこへ続くの？
ギィコ…
ギィコ…
ギィコ
ギィコ
ギャアァ
す、すい
ません…
どうも…

……
キィッ
こんにちは
不思議な道ですね ここ…
この道はねェ もともと川だったのをフタをしてできたんだよ
かわ《River》!!
今でも 道の下には川が流れてるのヨ
そーなんですか!!
成り立ちがわかると谷底のような地形ややけにぐねぐねしたカーブにも納得です
そういえば マンホールがやけにたくさんあるな
稲付川暗渠《あんきょ》
スイーッ
チャリー
チャリー
なんだか自転車で川を泳いでる気分♪
不思議！
フンフンー
あ そうだ

そろそろ桜探しをしよう
あ
さっき入口にあった地図
カメラで地図を撮っておいたんだ
「見晴らしが良い」っていう場所がある
「稲付公園」か行ってみようか！
稲付公園
野間坂
鳳生寺
稲付福祉館
見晴らしが良い
法真寺
ところで現在地はどこなの？
こっちから来たでしょ
ウン
でしばらくぐねぐね走って
そうそう
区立北ノ台小
今はこのあたりかな？
なんだ公園のすぐ近くじゃん！
野間坂
稲付福祉館
見晴らしが良い
公園っぽいところは…
家
ん～
えーっとこのあたり見わたす限り
家
ですごーい
家家
公園見当たらないけど本当に現在地ここかな
なんて
ん～
そもそもこの地図いい加減なんじゃない？
細かい道は載ってないし縮尺書いてないから距離感わからないし…
プップー
ひゃあ

とりあえず走りながら探してみようか
ブオオオ
ウン
何か目印になる建物とかあればなぁ~
そうだねぇ
おりたたみ自転車はじめました
……。
あぁあっちかなー
こんなに遠いわけないよね
5分経過…
この道せまっ
広い道だ
?
って…ココさっき通った所じゃん!?
公園どこだーっ
難易度高いよ!稲付の小径

オイラの予想だと…
今いるのがココらへんでだとすると左へ曲がるのが正しいんじゃないかな？
たしかに！
水車の坂
ただ…そっちすごい行き止まり感ある…
あ！さえちゃん
もしかしてこれが地図に出てる「水車の坂」じゃない？
えっ…いやコレ坂ってレベルじゃねーぞ
むしろこっちじゃない？
ウ～ン
一応行けるっぽいし
…
せまっ
なななななんでついてきてくれないの
なんとなく。どうだった？
行き止まりだったよ!!
やっぱり
結局最初にポタが見つけた坂を登ってみることに

あっ
水車《すいしゃ》の坂《さか》
水車の坂！
ということは
やっぱりこの坂が正解だったのね～…
どやぁ
私がわるうございました！
わかればそれでよろし
そんなわけで ようやくお目当ての稲付公園に到着しました
あった！
北区立稲付公園
でも あんまり桜って感じでもないね
……
もう少し走って探してみようか
ひとりじめお花見スポットへの道のりは長い！

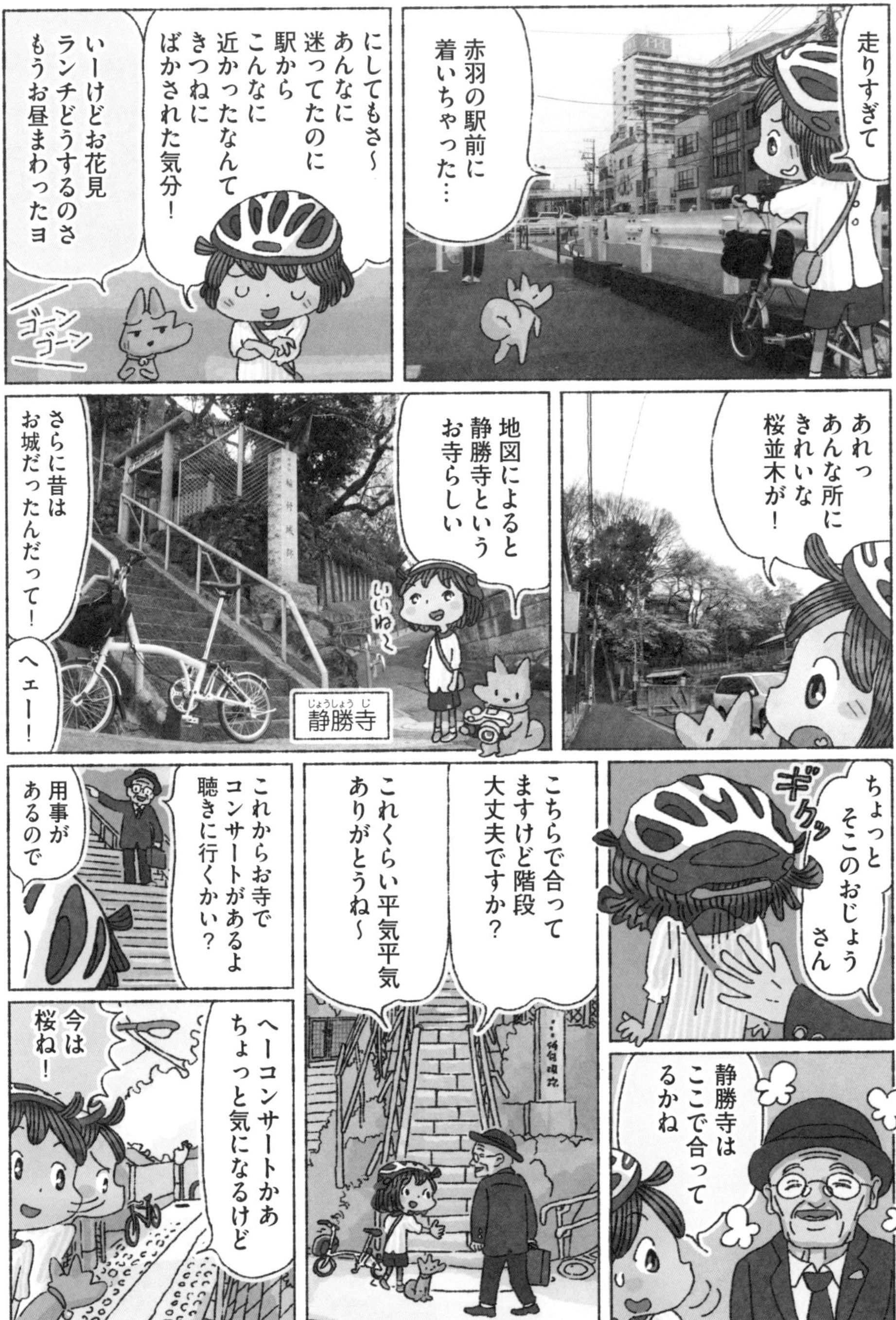

走りすぎて
赤羽の駅前に着いちゃった…
にしてもさ～あんなに迷ってたのに駅からこんなに近かったなんてきつねにばかされた気分！
いーけどお花見ランチどうするのさもうお昼まわったヨ
ゴーン ゴーン
あれっあんな所にきれいな桜並木が！
地図によると静勝寺というお寺らしい
いいね～
静勝《じょうしょう》寺《じ》
さらに昔はお城だったんだって！
ヘエー！
ちょっとそこのおじょうさん
ギクッ
静勝寺はここで合ってるかね
こちらで合ってますけど階段大丈夫ですか？
これくらい平気平気ありがとうね～
これからお寺でコンサートがあるよ聴きに行くかい？
用事があるので
ヘーコンサートかあちょっと気になるけど
今は桜ね！

うわーっ！
何てすてきな路地なの！
ここ…

てく てく
……
いいねえ〜〜
てく てく
そっ
そうかな…
横の坂道からでも静勝寺に上がれました
ここもあっぱれなり

超きれいだけど
さすがにお寺では
お弁当広げられ
ないよね〜
コンサートはじまるし
んー
もう少しまっすぐ
行ってみよっか
あれっ？
その先
階段だよ!!
ビクッ

都内を探索中？
楽しそうだね～
そんなとこです
階段の途中右に曲がると亀の弁天様あるよ
ここで豆知識をひとつ
ちょっとしたサイクリングでも自転車乗りらしい格好（ヘルメット・グローブなど）をしていればひと目で「サイクリングしてる人」とわかるのでせまい路地でも怪しまれづらいのだ！
へぇー！行ってみます。ありがとうございます!!
また階段だよ～
ファイトー!!
あっここを右かな
ほー
こんなところに道があるのねー
わぁ!!
い主がきれいに始末
犬のふん
ここにもすてきな路地裏花見スポット！
そして…私たちを一切気にすることなく道を闊歩《かっぽ》する猫。
萌え～!!

…からの階段！
自転車をかつぐ姿もいよいよ板に付いてきたね！
奥に見えるのが亀の弁天様かな
重〜…
亀ヶ池弁財天
亀ヶ池弁財天に到着です
着いたー
マンションのすぐ目の前にあって不思議な感じ
小さいながら池があって…
ちゃんと亀もいました。
説明書きによると…
ご案内!!
…長っ！
つまり昭和50年代に地域の商店街の人たちが商売繁盛を願って建てたものらしいです
新しいんだな
絶えまなく
多くの人が訪れていて
地元の人に愛されていることのわかる
すてきな不思議スポットでした

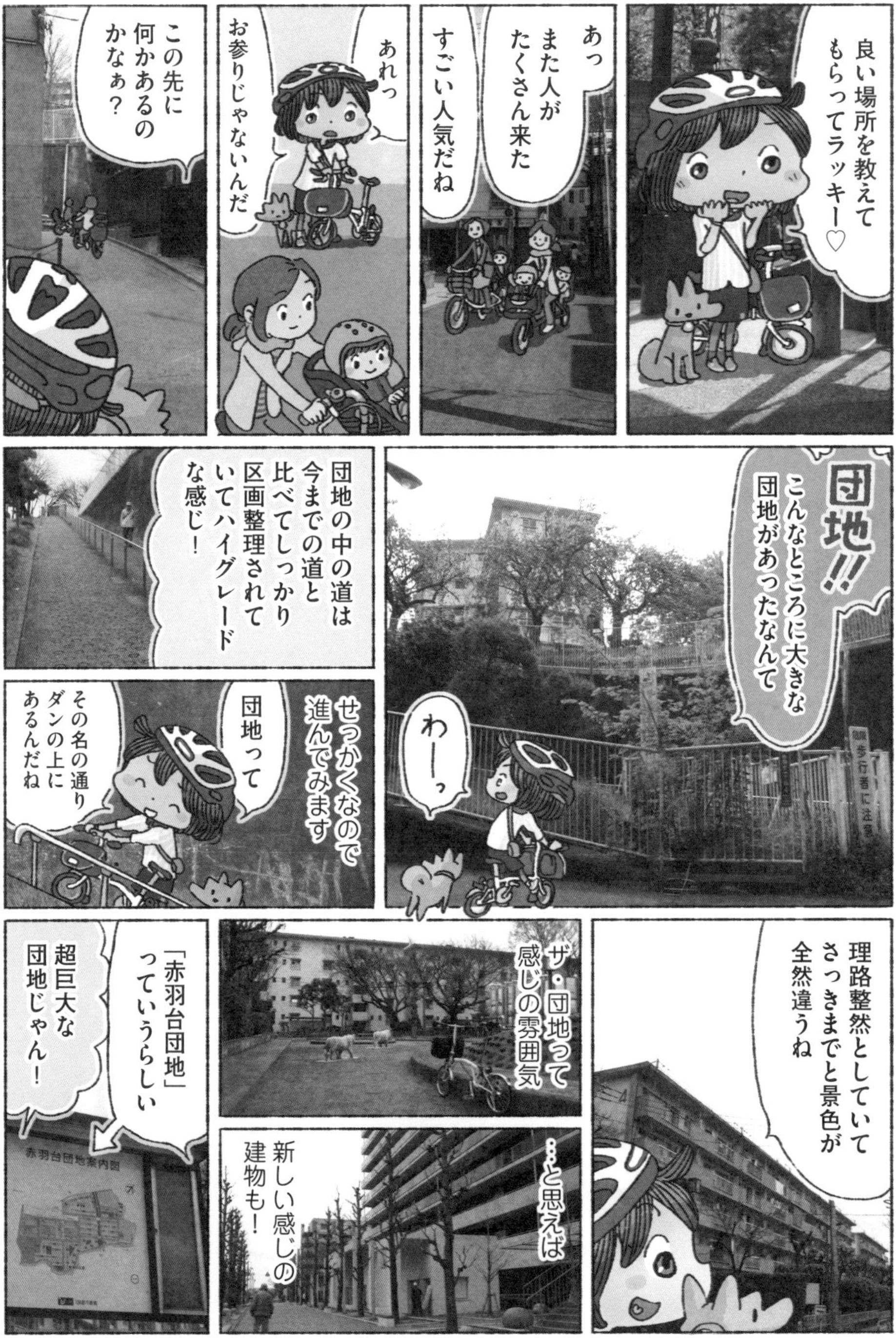
良い場所を教えてもらってラッキー♡
あっ　また人がたくさん来た
すごい人気だね
あれっ
お参りじゃないんだ
この先に何かあるのかなぁ？
団地!!
こんなところに大きな団地があったなんて
わーっ
歩行者に注意
団地の中の道は今までの道と比べてしっかり区画整理されていてハイグレードな感じ！
せっかくなので進んでみます
団地って
その名の通りダンの上にあるんだね
理路整然としていてさっきまでと景色が全然違うね
ザ・団地って感じの雰囲気
…と思えば
新しい感じの建物も！
「赤羽台団地」っていうらしい
超巨大な団地じゃん！
赤羽台団地案内図

赤羽台団地鑑賞のいろは
目下建替中の巨大団地「赤羽台団地」は
集合住宅の作りの変遷と その奥深い
魅力を一度に見ることのできる
「団地マニア」にとっての聖地
なのです!!
41
ザ・団地的な電灯（傘が萌え）
建設中のエリア
PHランプ的おしゃれランプ（傘が萌え）
オーソドックスな昭和の団地
最新タイプのヌーヴェル赤羽台
風通し良好
各棟デザインが違っていて面白い！
42
くらげ公園
どうして『くらげ』??だがそこがいい！
団地黎明期の実験的構造
スターハウス

くらげ公園は、現在はもうなくなってしまったらしいです。残念…。

団地内の桜もまた味わいがあっていいね
だね～
パシャ

桜なら隣の桐《きり》ケ《が》丘《おか》団地がもっとたくさん咲いててきれいよ
そうですか～！

この先まっすぐ行けばすぐ見つかると思うわ
行ってみます

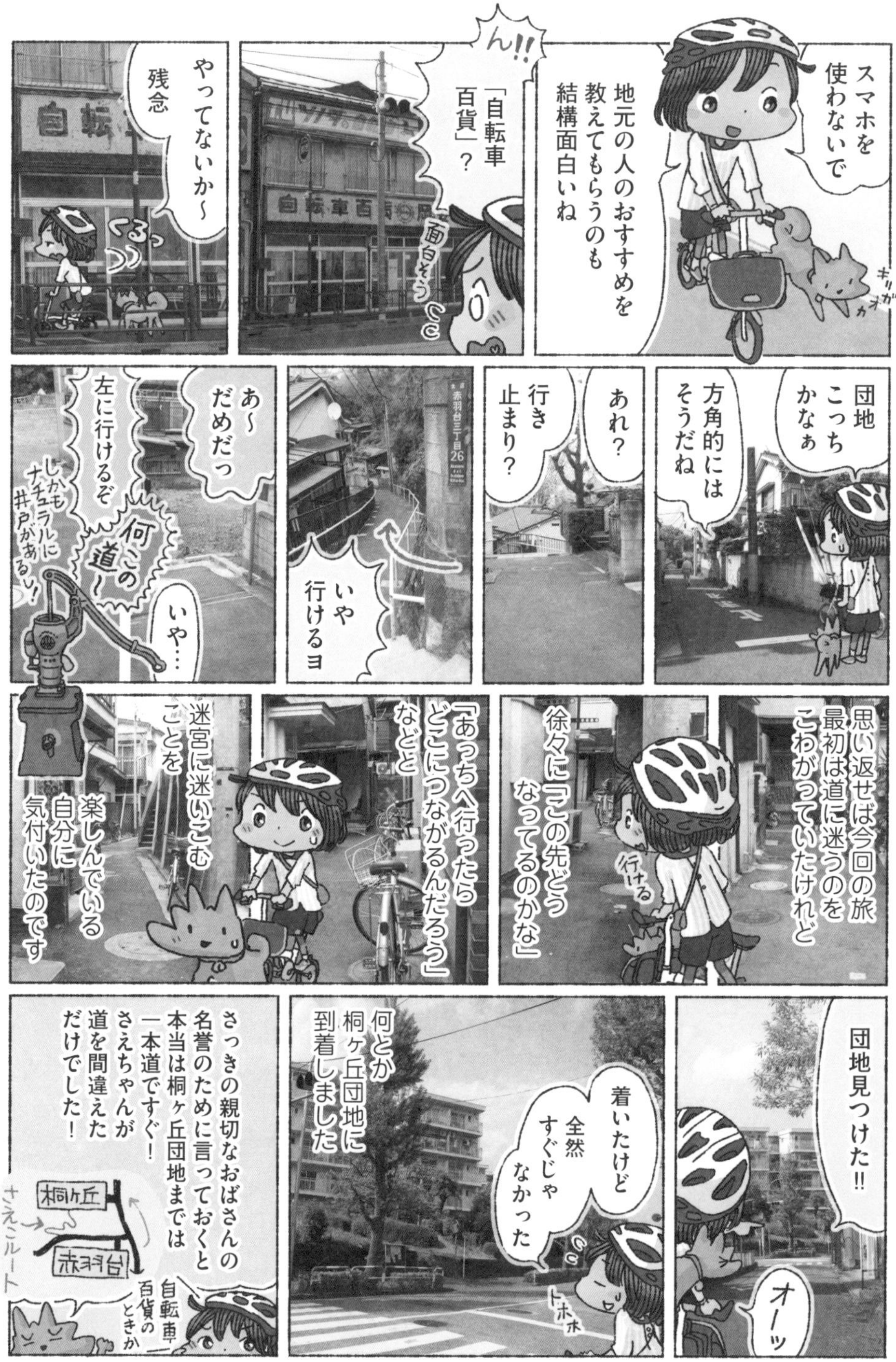
スマホを使わないで
地元の人のおすすめを教えてもらうのも結構面白いね
キリガオカ
ん!!
「自転車百貨」？
面白そうここ
やってないか～残念
くるっ
団地こっちかなぁ
方角的にはそうだね
あれ？
行き止まり？
いや行けるヨ
あ～だめだっ
左に行けるぞ
何この道～
いや…
しかもナチュラルに井戸がある！
思い返せば今回の旅最初は道に迷うのをこわがっていたけれど
徐々に「この先どうなってるのかな」
行ける
「あっちへ行ったらどこにつながるんだろう」などと
迷宮に迷いこむことを楽しんでいる自分に気付いたのです
団地見つけた!!
オーッ
何とか桐ヶ丘団地に到着しました
着いたけど全然すぐじゃなかった
トホホ
さっきの親切なおばさんの名誉のために言っておくと本当は桐ヶ丘団地までは一本道ですぐ！さえちゃんが道を間違えただけでした！
桐ヶ丘
赤羽台
さえこルート
自転車百貨のときか

さーてと
桜はどこかな
どれにしようかなー
桜の大木だ!
というわけで……
お花見ランチはここに決定～!
桐ケ丘団地の片隅にあったグラウンドでランチタイム♡
東京でも探せば隠れお花見スポットがたくさんあることがわかった一日でした
たのしかった～ね
帰りはJR赤羽駅から電車で楽らく帰宅♪
こういうラクチンができるのも輪行ならではだね
!?
あれっ買いものは
あ゛
おしまい

MAP & DATA 十条・赤羽

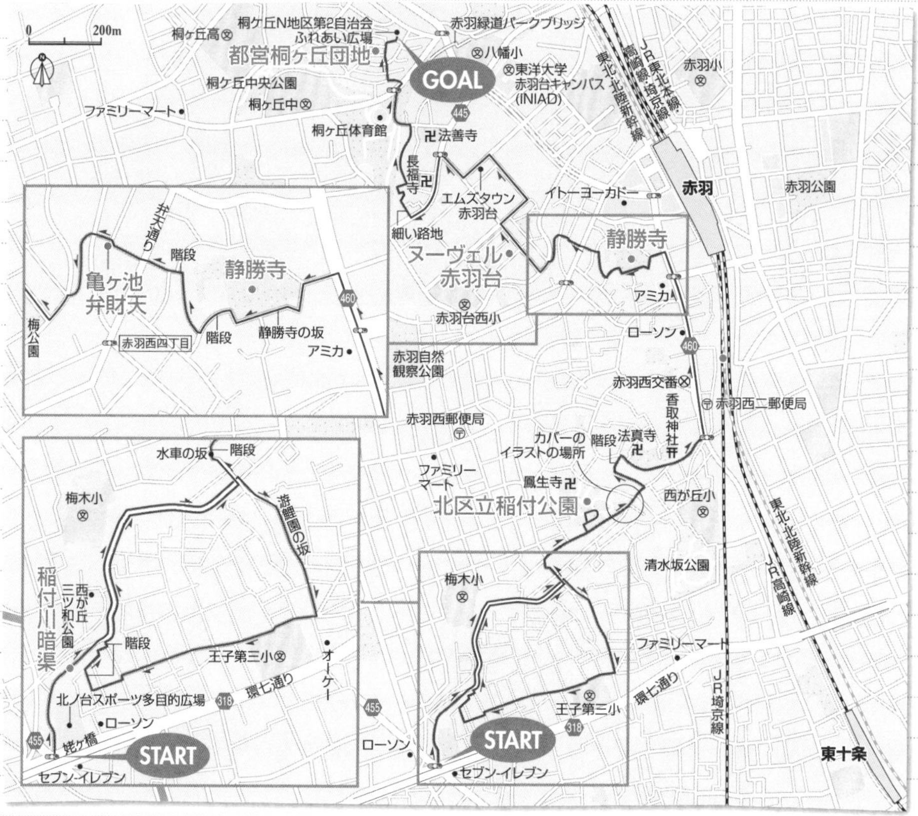

季節：春（4月）　天気：晴れときどき雲り　輪行：あり　宿泊：なし　走った距離：約6km

旅の大変度　低←○○★○○→高

旅の方向性　文化系←○★○○○→運動系

路地裏迷宮度　低←○○○○★→高

➡SPOT DATA

稲付公園　北区赤羽西3-19-5

静勝寺　北区赤羽西1-21-17

亀ヶ池弁財天　北区赤羽西1-29

さえこMEMO

マイナーな桜の名所を探して迷い込んだ十条の住宅街。スマホを忘れたうえに狭い道や階段が多く本当に冒険気分でした。なお、それぞれの場所には住んでいる方がいらっしゃいます。迷惑にならないよう行動しましょう。

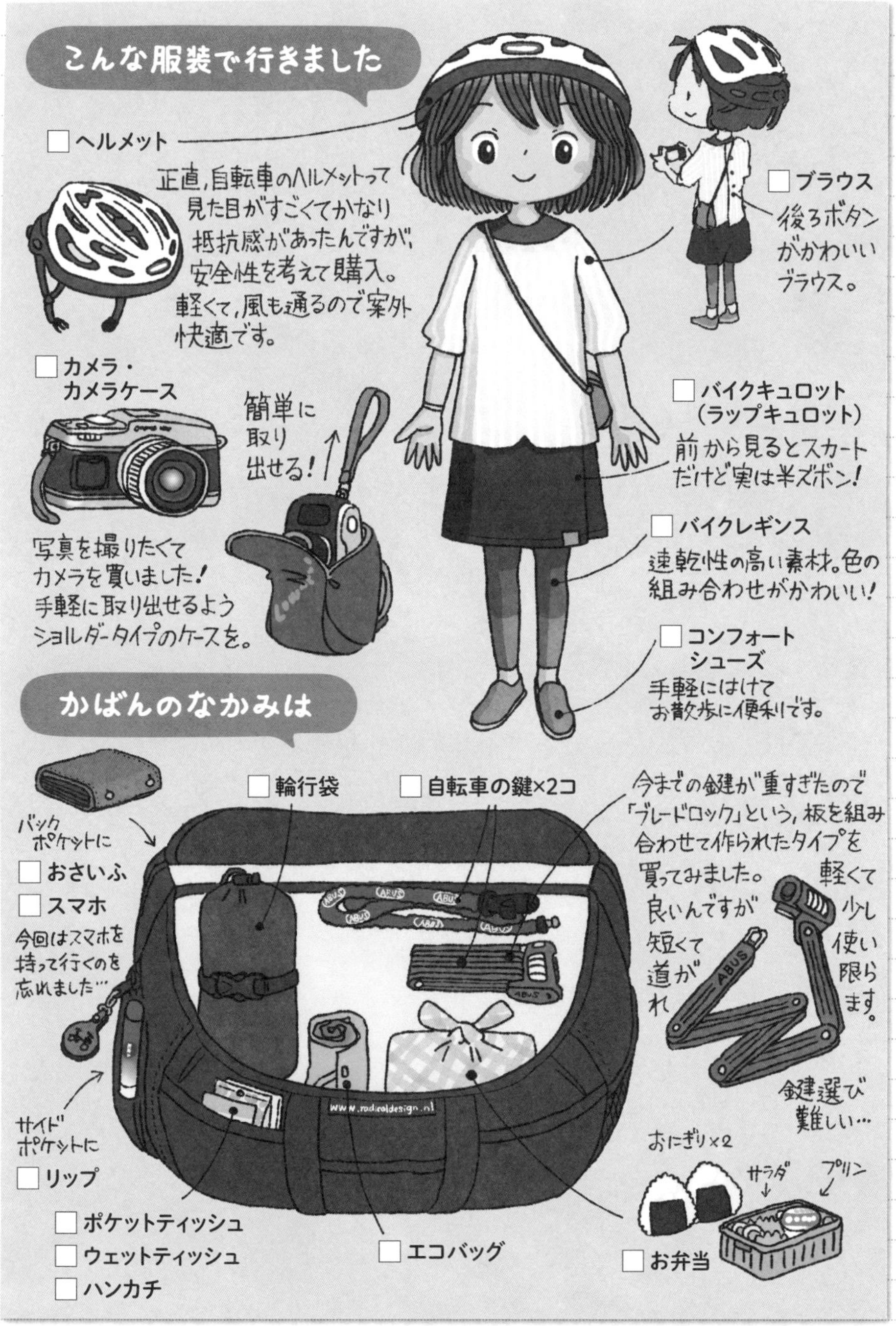
こんな服装で行きました
□ヘルメット
正直、自転車のヘルメットって見た目がすごくてかなり抵抗感があったんですが、安全性を考えて購入。軽くて、風も通るので案外快適です。
□ブラウス
後ろボタンがかわいいブラウス。
□カメラ・カメラケース
簡単に取り出せる！
写真を撮りたくてカメラを買いました！手軽に取り出せるようショルダータイプのケースを。
□バイクキュロット（ラップキュロット）
前から見るとスカートだけど実は半ズボン！
□バイクレギンス
速乾性の高い素材。色の組み合わせがかわいい！
□コンフォートシューズ
手軽にはけてお散歩に便利です。
かばんのなかみは
バックポケットに
□おさいふ
□スマホ
今回はスマホを持って行くのを忘れました…
□輪行袋
□自転車の鍵×2コ
今までの鍵が重すぎたので「ブレードロック」という、板を組み合わせて作られたタイプを買ってみました。
軽くて良いんですが少し短くて使い道が限られます。
鍵選び難しい…
サイドポケットに
□リップ
□ポケットティッシュ
□ウェットティッシュ
□ハンカチ
□エコバッグ
おにぎり×2
サラダ
プリン
□お弁当

稲付の小径
初見だと迷うこと
間違いなし…

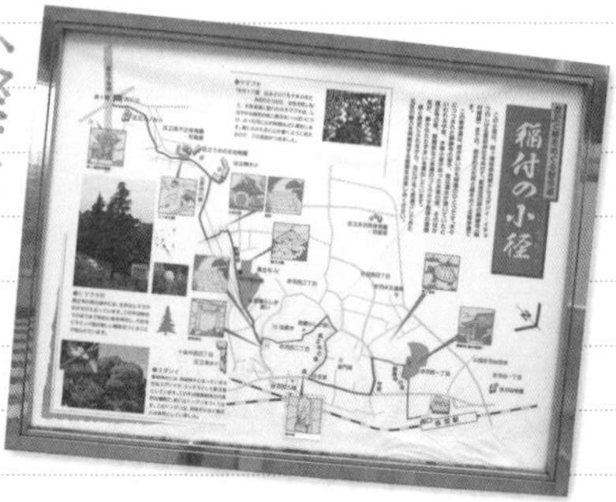

旅の写真館
十条・赤羽

この丘の上はかつて
お城だったらしいです

こんな所にも
桜が!!

"これからなかわ
あぶないから
はいらないで"

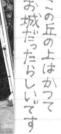

また階段!!

塩
Orient

たばこ
CIGARETTES

北区
赤羽西二丁目
23
Akabane
nishi
2-chōme
Kita-ku

見かけないヤツだな…

おじゃましました!!

※どっちかの先は階段です

魅惑のY字路

この先道幅狭い
車両通行出来ません

おりたたみ自転車の選び方

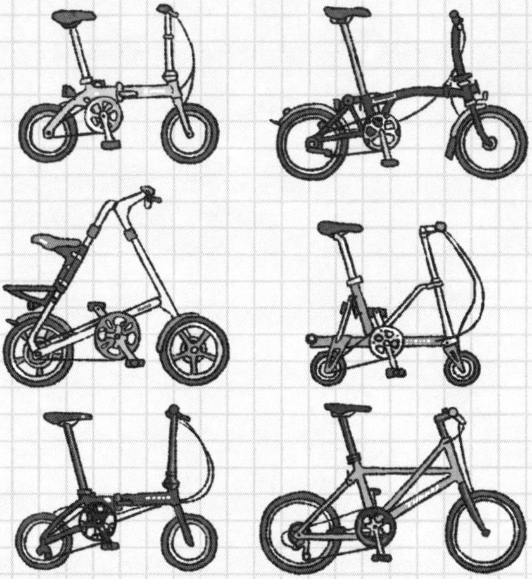

おりたたみ自転車なんて
どれも同じ…
なんて大間違い！
一般的なシティサイクル
以上に、形や機能、サイズが
モデルごとに
大きく異なるんです。

下記のポイントを
チェックしながら、
自分にピッタリの一台を
見つけてくださいね。

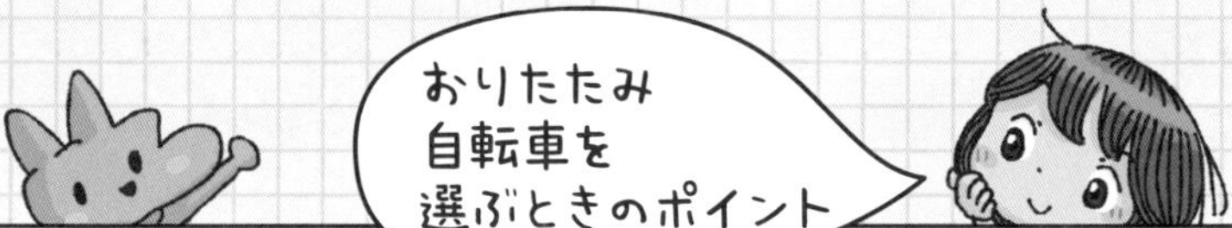
おりたたみ自転車を選ぶときのポイント

イメージと全然ちがう!!
試乗

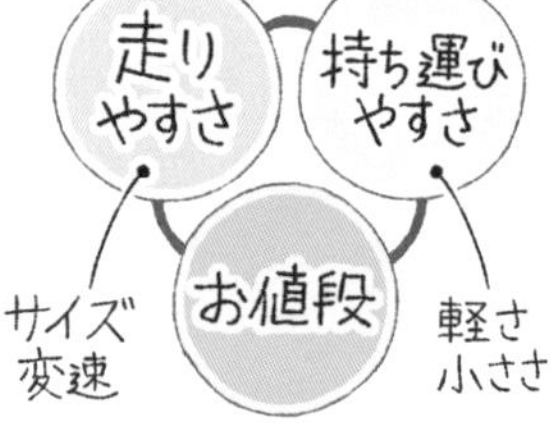
走りやすさ
持ち運びやすさ
お値段
サイズ
変速
軽さ
小ささ

①実際に乗ってみること

自転車の乗りやすさ、走りやすさは身長や体型で大きく変わります。買う前に必ず試乗しましょう。

②３つのバランスを見て

走りやすさも大切ですが、絶対に外せないのが使い勝手と予算。３つのバランスがしっくりくる一台を選びましょう。

【おすすめおりたたみ自転車】

BROMPTON ブロンプトン

イギリス・ブロンプトンバイシクル ／ 19万円〜

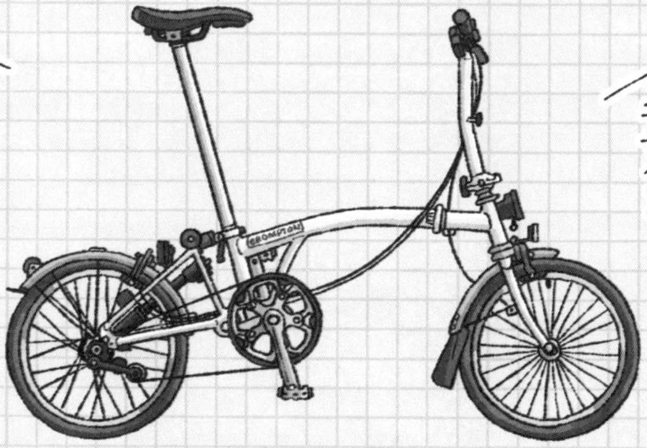
変速なし〜
6段変速まで
選べます
ブリティッシュな
雰囲気ただよう
エレガントな
デザイン

バランスの取れた
超ロングセラーモデル

ブロンプトンはイギリス製のおりたたみ自転車。この本に登場する私の愛車でもあります。軽快に走れる 16 インチタイヤを備えながら、コインロッカーに入るコンパクトさは他にない特徴です。値段がすごく高いのですが、スチールなどの素材で頑丈に作られているので、定期的なメンテナンスを行うことによって 20 年、30 年と長く乗ることができます。

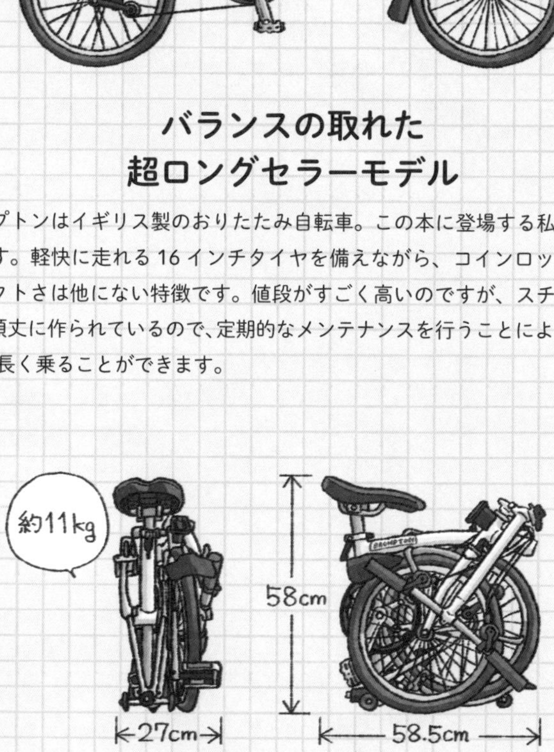
このタイヤの大きさで
この小さいおりたたみ
サイズは脅威的です
約11kg
58cm
27cm
58.5cm
クローゼットに
縦向きで入るサイズ!!
(私の決め手でした)

CarryME キャリーミー

台湾・パシフィックサイクルズ ／ 9万円〜

変速はありませんが、見た目以上にしっかり走ります

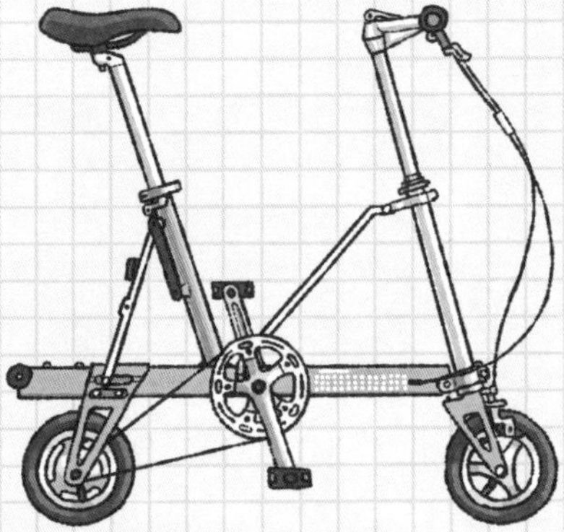

8インチの小さい車輪がとってもキュート!

A4サイズの超コンパクトサイズで輪行ラクラクなモデル

小さな車輪とストレートなフレームが目を引く「キャリーミー」。自転車とは思えないコンパクトさなので気軽に輪行できます。見た目によらず、自転車としてごく普通に走れるので安心してください。

A4サイズの紙の上に置けるコンパクトさ!

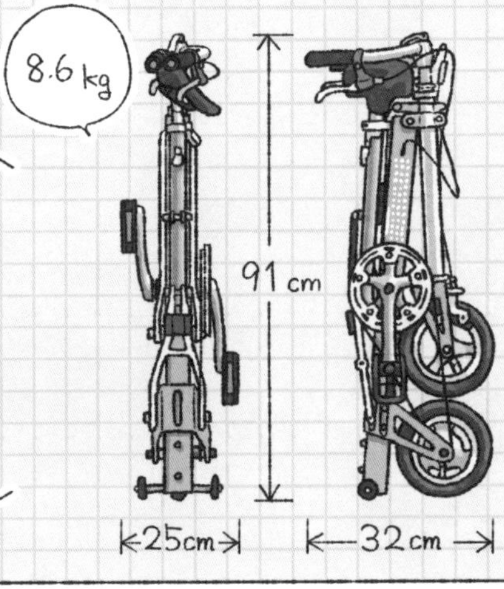

立てた状態で自立するので玄関にも置けます

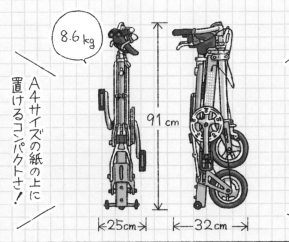

DAHON K3 ダホン ケースリー

アメリカ・ダホン ／ 8.5万円〜

この軽さで
3段変速が付いて
いるのはすごいです！

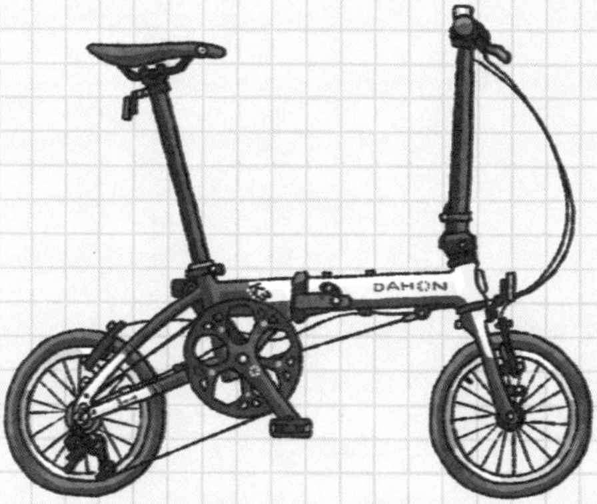

カラーリングのかっこ良さと
小さいタイヤのかわいらしさが
ミックスされた独特のスタイル

軽くて、小さくて、キビキビ！
重さ7.8kgの俊足モデル

おりたたみ自転車専門メーカーの DAHON の最新鋭モデル。３段変速を備えながら重さは 7.8kg で、持ってみると驚くはずです。その軽さはキビキビとした走りにもつながっています。走って良し、持ち運んで良しと、輪行が楽しくなること間違いなしの一台です。14インチながら20インチモデルに迫る走りも人気の理由。

アルミフレームで
驚きの軽さ！

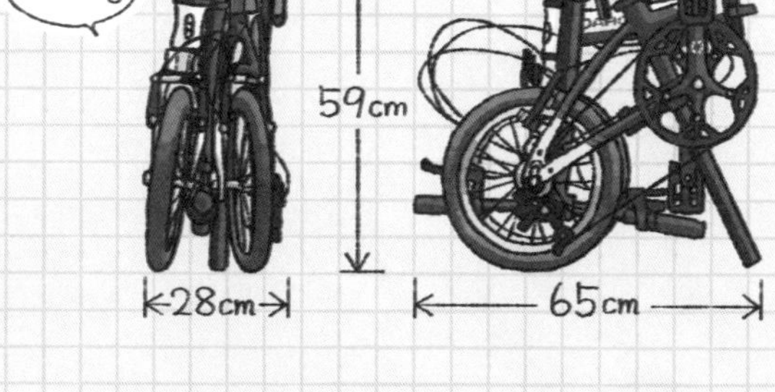

工夫すれば
コインロッカーにも
入るサイズです

RENAULT LIGHT8

ルノー ライト エイト

日本・ジック ／ 3.5万円～

変速はありませんが、輪行メインなら問題ないはず

リーズナブルでも作り・仕上げはしっかり！

コスパ最高！
使い勝手抜群なモデル

3万円台以下のおりたたみ自転車は重かったり、グラグラしたり、こいでも進まなかったりすることが多いですが、このモデルはしっかり走って、軽くて頑丈。輪行入門用としても、普段使いとしても◎！　同じシリーズでもっと軽いものや変速付きのモデルもありますがその分価格がUPします。

全長と幅が多少ありますが軽いので持ち運びはらくらくです

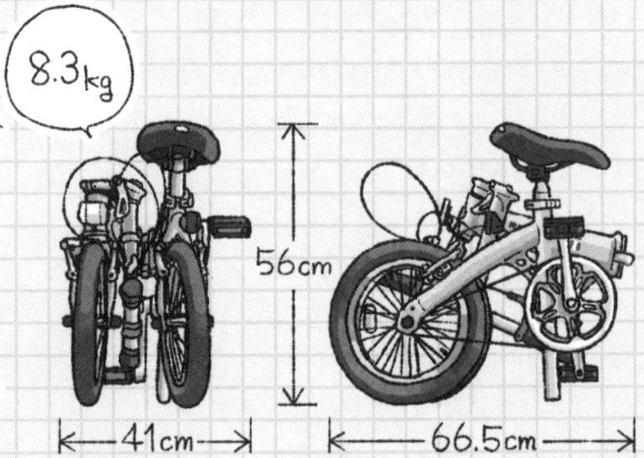

たたんだ状態でちゃんと自立します

【おすすめおりたたみ自転車】

STRiDA ストライダ

日本・GSジャパン ／ 8.5万円～

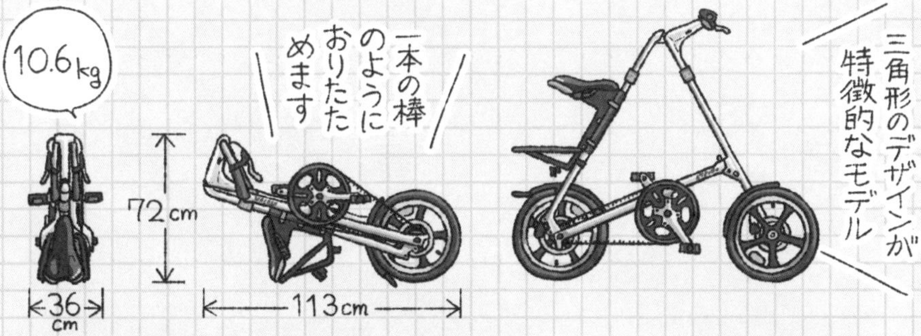
10.6kg
一本の棒のようにおりたためます
72cm
36cm
113cm
三角形のデザインが特徴的なモデル

Tyrell FX タイレル エフエックス

日本・アイヴエモーション ／ 22.9万円～

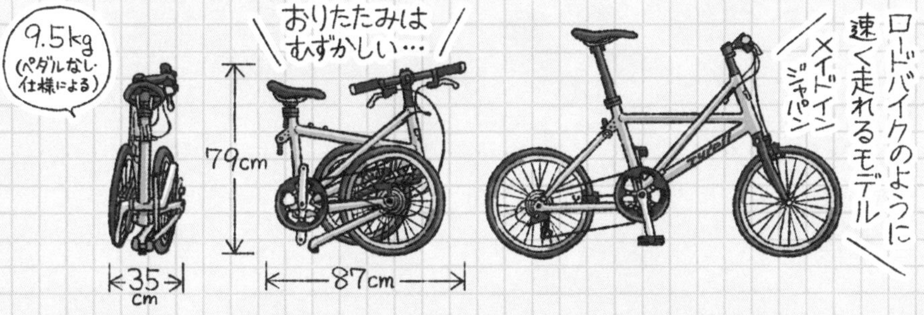
9.5kg
(ペダルなし仕様による)
おりたたみはむずかしい…
79cm
35cm
87cm
ロードバイクのように速く走れるモデル
メイドインジャパン

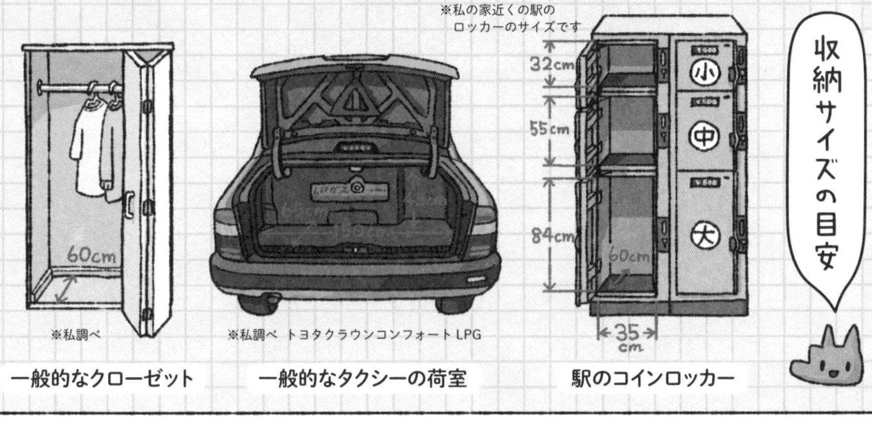
60cm
※私調べ
※私調べ　トヨタクラウンコンフォートLPG
※私の家近くの駅のロッカーのサイズです
32cm
55cm
84cm
60cm
35cm
小
中
大
収納サイズの目安

一般的なクローゼット　一般的なタクシーの荷室　駅のコインロッカー

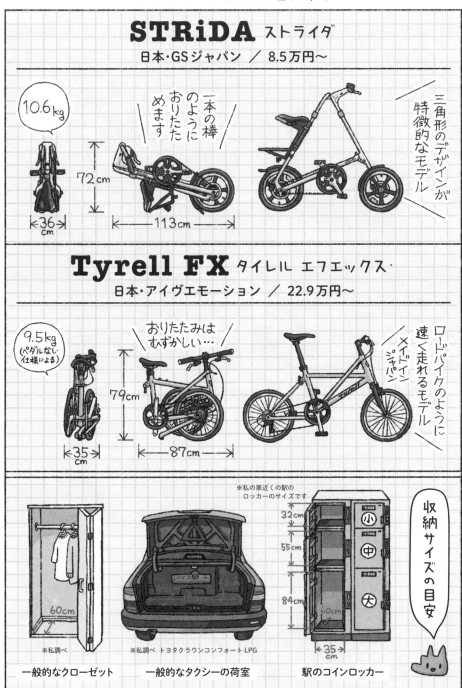

タイムズの新《あたら》しい看板《かんばん》だ
Times
吉祥寺南町1丁目
新《あたら》しいと何《なに》が違《ちが》うの？
知《し》らんのか
ロゴマークがでっぱる!!!
Times

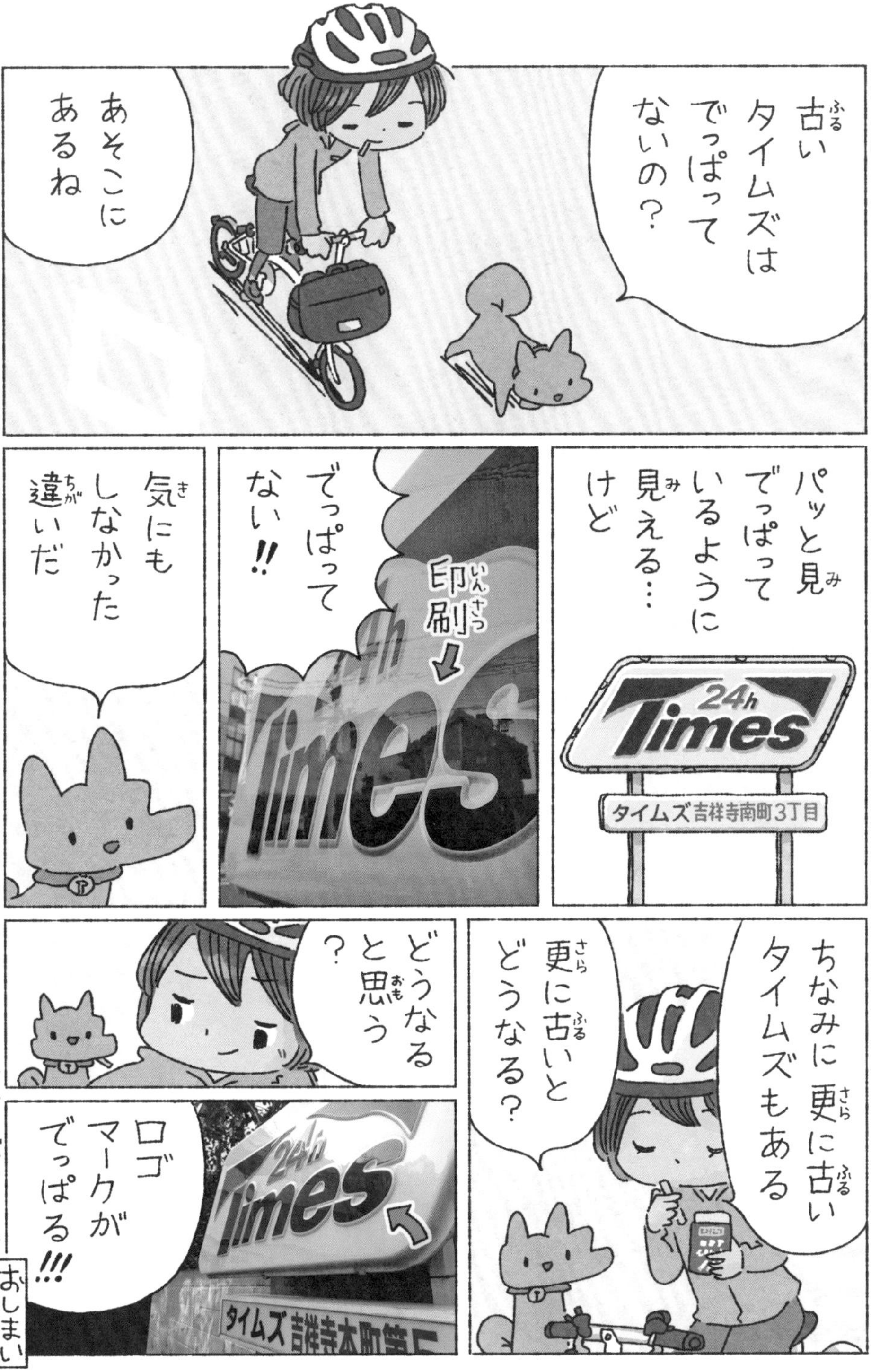

古《ふる》い タイムズは でっぱって ないの？
あそこに あるね
パッと見《み》 でっぱって いるように 見《み》える… けど
24h Times
タイムズ吉祥寺南町3丁目
でっぱって ない!!
印刷《いんさつ》
気《き》にも しなかった 違《ちが》いだ
ちなみに更《さら》に古《ふる》い タイムズもある
更《さら》に古《ふる》いと どうなる？
どうなる と思《おも》う ？
ロゴ マークが でっぱる!!!
24h Times
タイムズ 吉祥寺本町第

★みんなもさがしてみよう!

おしまい

おりたたみ
自転車
はじめました

群馬・吾妻郡

四万温泉で極楽湯＆映画の世界へ！の旅

おりたたみ自転車はじめました

ただいまぁ～
ガチャ
おかえりー
今日も一日がんばりました～
ちょっ重っちょっ
ドサ
何見てたの？
ジブリ映画「千と千尋の神隠し」
あらなつかしい
あ～そういえばこれってお風呂屋さんが舞台だったんだね
いいなぁ～私もそういうレトロなお風呂につかって世のちり洗い流したいよ
そ～ね～
んー…
ザー
ふぅ～
パカ
ちひろーいくぞー
…!!
いやぁいい映画だったよさえちゃん
来週の金曜ロードショーは…
よし明日は「千と千尋の神隠し」と雰囲気が似ている群馬・四万《しま》温泉に行ってみるぞーっ！
ええっ
明日!? 群馬!?
………
始発に乗るから明日は4時に起きなさい おやすみ～

四万温泉・輪行旅
最寄りの中之条駅から四万温泉までは自転車を使います!
ゴール
四《し》万《ま》温泉
約17km
JR吾妻線
高崎
中之条
1時間
1.5時間
スタート
赤羽
Gunma
JR高崎線
東京
今回の輪行旅の行き先は群馬県吾妻郡の四万温泉!
電車と自転車を乗り継いでめざします
突然の思いつきなのでややハードな日帰り計画
どうなることやら!
翌朝
5:23
ねぼけまなこで高崎線始発に乗車
同好の士がいた!
からの…〇〇〇爆睡。
zzz
6:55
終点高崎駅に到着
高崎
JR高崎駅

これは良くない例で、輪行中は自転車から目をはなさないでくださいね↗

現在はSuica対応しています!

あんたがた
自転車かい
どこまで
行くんだぁ
四万温泉
まで…
そらえっれえ
大変だ！
四万温泉
四万
こっから ずっと
ずーっと
登りだんべ
ええっ
ぐ〜ん
ソンだけでねえ…
四万温泉まで途中は
なァ〜ンも
ねえし
群馬県
ところどころ道も
狭くてあぶねえ
群馬県
353
から はぁー
気をつけて
行って
くんない
ギャアァァァァッ
……
だあ
しえり
えす
待ってエエ!!
ウンテンシュサァアァン!!
四万温泉行
ドドドド
乗れなかったらわたしたち
うえ死によ
乗れて
良かった
ワア!!
四万温泉行
ブワァァン
私たちもしかして
えっれえ所に
きちまった
かもしんねぇな…
ブオオオ

とはいえここまで来たらもうやすやすと引き返せません
意を決して先へ進むよ
会社員の貴重な休日
オーッ
中之条の街はなかなか味わいのあるレトロさ
見慣れない看板色々
群馬酒販
コンビニエンス
SAVE ON
酒
たばこ
群馬のコンビニ「セーブオン」は今は全てローソンに変わってしまいました…
中之条市街探索
バイテック文化ホール
わぁ椅子が木を囲んでるかわい～!
ふるさと交流センター「つむじ」
丸い!!
中之条町
中之条市街地
いい雰囲気のバス停
ひと休み
それにしても…
多少のアップダウンはあれど
わりとらくちんじゃん!
そーいわれると!!
えっれえ大変だぁ
あ～おどかされていたのかな
所々急な坂もありましたが道も整備され気持ちいいコースでした
よいしょ
よいしょ
ゆるさねぇあのクソオヤジ…
そんなにじゃないでしょっ
メラメラ

りんご
上妻橋
中之条市街
中之条駅

9:40
途中ダムがありました
変わった形のダムだ～
中之条ダム
変形アーチ式コンクリートダムだよ
そっ
そんなとこで何してんのっ
どうやら渡れ
そう
めざといな
ん?
このダム案外ちっちゃ!
幅が自転車ギリギリ
その割に小型車なら通っていいらしい…
注意
高さに注意して下さい
小型車に限り
通行できます
(重量1t以下 幅1.7M 高さ2.3M)
いや無理でしょ
そんなダムの先には更に道が
…どうする
こんな意味深な道…
行ってみるしかないでしょ!
よしきた
…!!
ボサ
ボサ
特段なにもなかった…
群馬県
ちなみにそのまま進むと橋を渡って元の通りに戻りました
何だったんだ…

四万湖
中之条ダム
天然橋
四万川

道はまだまだ続きますが
さわやかな晩夏の景色と
この先で待っている
お楽しみのおかげで
不思議とぐいぐい
登れちゃいます
ん〜〜っ
ん？
メロディーライン？
この先、メロディーライン
40㎞で走行すると
『いつも何度でも』が流れます
って何？
「いつも何度でも」と言えば
「千と千尋」のテーマ曲！
ブオォォォ
♪呼んでいる〜 胸のどこか奥で〜♪
ゴォォォ
!!
メロディーラインとは
道に凹凸をつけて
車の走行音を音楽の
ようにする道のこと
観光地を中心に
増えてきて
いるらしい
ですヨ！
自転車で試せないのは残念だっ
♪呼んでいる〜 胸のどこか奥で〜♪
でも路肩でも
聞こえるので
これはこれで
楽しめます
ヨンデルムネ!? ドコカオ!? デェー!! ベ!!
スピードオーバーだと
ああなるんだ…
一度に
たくさん通ると
暴走族の
ごとし
ゴッドファーザーみたい…
呼んでい
呼んでいる
呼んでいる
そろそろ行こうヨ

メロディーライン
湯原トンネル
竹井橋

景色はいよいよ山の中と
いった感じになってきました
道路工事で小休止
そろそろ天然記念物になってる景勝地があるはずなんだけど
四万の甌穴群
あれじゃない?
よんまんの何とか穴群
四万《しま》でしょ少なくともそこは
甌穴《おうけつ》とは…数万年もの歳月を経て水流の力で作られた円形の穴のこと
へぇ〜
あ あれだ! すげーっ 自然の神秘だな
ザ〜
フーン 素朴な疑問なんだけど…
ここを魚が通ったらどうなるのかな?
ギョギョギョ!!
サァ…
やってみなくちゃわからない
笹舟
大科学実験
discover science
この笹舟を甌穴の上流に浮かべてみよう
ん?
やーん こわい
つかまって …あっ♡
甌穴のまわりでいちゃつくカップル
時間ないし先行こっか…
実験終了
だれかやってみて結果を教えてください…

朝日橋
温泉口
四万の甌穴群

甌穴を越えるとまもなく四万温泉の入口です
日向見　ゆずりは
温泉口
Onsenguchi
山口
Yamaguchi
街並みも徐々に温泉街っぽく
密集してきた!
ごちゃ〜っ
地酒
さてこのまま お目当ての温泉に直行してもいいんですけど
その前にちょっとお茶でもしようかな
というのも なんと予定より
全然早く
着いてしまったのです!
まだ11時過ぎ!!
11:03
余裕があるってすばらしい…っ!
あら?
Shima Onsen
温泉マークカプチーノ
温泉街に突如現れたおしゃれそうなカフェ!
フフフ
カラ
カラ
カラ
そういうわけでお昼前のお茶はこちら
「柏屋カフェ」さんに決定!
柏《かしわ》屋《や》カフェ
自転車は
お店の裏手にあった共同駐車場に停めて店内へ♪

いらっしゃいませ
おっ 温泉マークカプチーノひとつください…
かしこまりました
いい雰囲気のカフェじゃない
もともとあった昭和初期の民家を改築したんだって
書いてある
フ〜ン
お待たせしました 温泉マークカプチーノでございます
やっぱりすてき
ありがとうございます 当店の人気メニューでございます
エッ!コレ温泉のマークが描かれてる!
おもしろいね〜
かわいい〜
四万温泉名物(?) 温泉マークカプチーノ
もったいないけど
早速
遅《ちょっ》くない!?
ちょっぴりビター大人の味でした
ふぅ〜 なごむ
温泉街に気軽に入れるおしゃれなカフェがあるっていいなぁ
そだね〜
昔ながらの温泉地って若い人には少し敷居が高いもんね
そうそう!ちょっともったいないと思う
温泉地の経営者に提言!
こんな時代だからこそストレスを抱える若者のうけ皿になるべきです!
そのためにはまずイケメンの店員を増やすことですぅ〜
……

それじゃあいよいよお目当ての温泉へGO!
この通りのつき当たりにあるみたい
あ
塩之湯飲泉所
飲泉所?四万温泉って飲めるんだ
健康に良さそうだしためしに一杯
ジョボジョボ
だっちゃあああ!!
これどうやって飲めっちゅうねん…
ねぇ
びっくりしたぁ…
激熱
この絵だと飲泉カップ使ってる
ギブミー飲泉カップ!!!
※置いてなかったんです!!
ふぅ~
飲泉はあきらめた
温泉に入れば痛みも引くんじゃない
それプラマイゼロよね
じんじん
なんだろこれ
積善本館
日帰り昼食
日帰り入浴月見うどんセット!いいね~
…にしてもいったい建物はどこなんだろう?
ん!?

12:00
というわけで ついに
お目当ての
「積善館」に
到着です
わぁ!!
積善館《せきぜんかん》
赤い橋に…
奥に立つ木造の建物…
まるで映画の世界のよう!
これがスクリーンごしではなく
目の前に実在している…
自分が映画の中に入ってしまうたみたいです
そなた—
ここで何をしている!

ひ…
日帰り入浴に来ました
ようこそ
自転車は奥へお停め
ハイ
四万
そこから入って
受付の人に会うんだ
フロント
FRONT
日観連
おやまあ
ずいぶんとみっともない小娘が来たもんだね
入浴セットだとお買い得!
で?何のようだい
教えておくれな
日帰り入浴月見うどんセットを…
なんだってぇぇ〜〜!?
ヒイイイ
でしたら
そちらの券売機でチケットをお求めくださいね!
あっ
券売機
いけないいけないいけない
雰囲気にひたって妄想を繰り広げちゃった
ここまではさえちゃんの妄想!旅館の方は皆親切でとても良い宿なのであしからず!
じゃあとりあえずお風呂にする?ごはんにする?
お風呂っしょ

ここ積善館は江戸時代から続く宿で 本館の建物は何と築200年以上！
佳松亭
山荘
元禄の湯
本館
積善館
本館にある「元禄《げんろく》の湯《ゆ》」は昭和初期のまま姿が残る貴重なもので必見です！
でその「元禄の湯」に今から入ってみるというわけです
ここだ
御
女
ガチャッ
御!?
バタン
入ったらすぐお風呂場なんだ…
びっくり…
脱衣スペースはココ
洗い場がひとつしかないので少し順番待ち
それでは…
チャポン…
ごくらく ごくらく…
ハァーッ ハァーッ ハ〜
ちなみに昭和初期のサウナ(一人用)も体験できますが閉所恐怖症の私は別の汗が止まりませんでした…
5秒でギブ

はぁ〜
いい湯
だった〜
まった
くだ
飲泉
あら
こんな所
にも飲泉
所がある
でもどうせ
熱くて飲めない…
はッ
ガビッ
これに
入れて冷めて
から飲もうっと！
ナイス
アイデア
そして別棟の食堂で
ちょっと遅めのお昼です
ここが食堂
だね
おなか
すいたよ
程なくして
積善館の
月見うどん
UMA〜
お風呂上がりの
うどんは
格別！
あっさりながら
だしの効いた
美味しい
うどんでした
ふぅ〜
映画の
雰囲気も
味わえたし
温泉にも
入れたし
お腹も
いっぱい…
あーん！
このまま
一泊して
いきたい
〜！
ちなみに今日は
満室らしい

こちらの食堂は2021年2月時点で改装中です。

13:25
消火栓
さて これから どうするか
あっ
あれは何だろう?
味と遊びの 散歩道
味と遊びの 散歩道?
この路地の 奥っぽいぜ
え～っ…もしかして サラリーマンご用達な 感じの場所?
いや～風呂も 酒も最高だんべ タナベ君
ソッスネ 課長グヘヘ
ホテル ニュー四万
そいじゃあ もっと サイコーな 遊びの散歩道 行くべぇ
エ～ 課長ゲェヘッヘ
課長～!
ヨーシ スマートボール からの喫茶店 行くべぇ!
パチンコ スマートボール 柳屋
軽食&喫茶 ジョイ
ホッ
いたって 健全な 通りでした
考えすぎ だって
それにしても 山奥の温泉 なのになかなかの 活況である
スマートボール
一人で遊ぶ 勇気はないけどね
散歩道を過ぎた所で メインの温泉街は終了
この奥には 何かあるのかな
エメラルドグリーン の湖があるみたい
よし せっかくだし この奥四万湖まで 行ってみよっか!
OK
奥四万湖
日向見公園
宿

湯上がりのサイクリングが気持ちのいい季節
ペダルを回す足取りもゆっくりまったり
何だろこれ
熊よけ鐘
熊よけ鐘…熊出るのかな？
ま出てきてもオイラが追い払ってやるケドネ
あら頼もしいですこと
熊よけ鐘
カーーン
すこし進むと四万温泉の「ゆずりは地区」に
こんな奥にも宿があるんだ
より落ちついている
ここにも飲泉所がありました
こんな所に立派な建物！
しかも足湯（無料）つき！
なんかかくれ家みたい～
そういえばさっき入れた温泉は？
ペコ
うわっすごい変形してる
伊藤園
朝の茶事
やっぱり相当熱かったんだ…
ゴクッ
どう？
飲みやすくて美味しいけど…
熱いままのほうがありがたみあるかも…
ありがたみ…⁉

先へ進みます
四万川ダム
熊出没注意
ダムがあるんだ
熊注意…
あっ ダム発見！
ほんとだ！けど…
あのダムの上まで登らないと
奥四万湖
エメラルドグリーンの湖は見られないってことね…
そっか
近づくとかなり大きいな
あれ？さえちゃん何してんの…
いや これもしかして上に行けるエレベーターかなぁって
ガチャガチャ
セコム来るよ
まぁラストスパートだし
がんばってもう一登りしますか！
名物温泉まんじゅう
わっ
熊よけ鐘がまたある！
頻繁すぎじゃない!?
私たちえっれえ所にきちまったかもしんねえな…
ちょっと
追い払うんじゃないの？
また今度…
クマ
クマ
ちょっとした物音にもびびる恐怖の山登りでした
立ち止まったらアウトだ…！
ドスドス
ガサ
11：30頃、奥四万湖付近でクマ（親子）が目撃されました。ご注意願います。

奥四万湖に到着
14:10
着いた…
ノンストップ自転車山登り…
ゼェゼェ
こんな私でも 意外と何とかなるんだね
自転車でこんなきつい坂道…
もう当分やりたくないけど…
明日の筋肉痛がこわい
ともかくここまで来たのは湖を見るため！
どんなもんかね
うわっ…湖の色、青すぎ…？
アロフェンと言う物質の微粒子が多く含まれている説があるらしいよ
自然由来の色なのね きれい～
それにしてもまーよく登ってきたもんだ
あっ
…どしたの
こんな所に！
下につながっているエレベーターの入口が
まぁ登れたしいいじゃない
エレベーター
ダムの天端（てんば
：ダムの一番高い部分）
とダムの底にある通路
を結ぶ管理用のもので、
ています。
やっぱりあれエレベーターの入口だったんだ
くやしい～ん
※普段は使えないようです。

14:30
時間も時間なので そろそろ引き返さないとです
ちょうど西日になった
ここで私のヒミツ道具
テッテレ～
おりたたみしきウインドブレーカー
帰りはずっと下り坂なので自転車だと結構冷えるんですウインドブレーカーを持参すると便利ですヨ！
えっちらおっちら登ってきた坂道を…
クマ…
クマ…
さわやかに駆け下りる快感！
たまらん
この往路と復路のギャップが「山チャリ」の醍醐味でもあります
あっというまに積善館まで下りてきました
絶対に振り返ってはいけないヨ
泊まっていきたくなっちゃうから！
現実から逃げたくなっちゃうから！
その後電車に乗り夜10時には東京に帰りました
おしまい

MAP & DATA 四万温泉

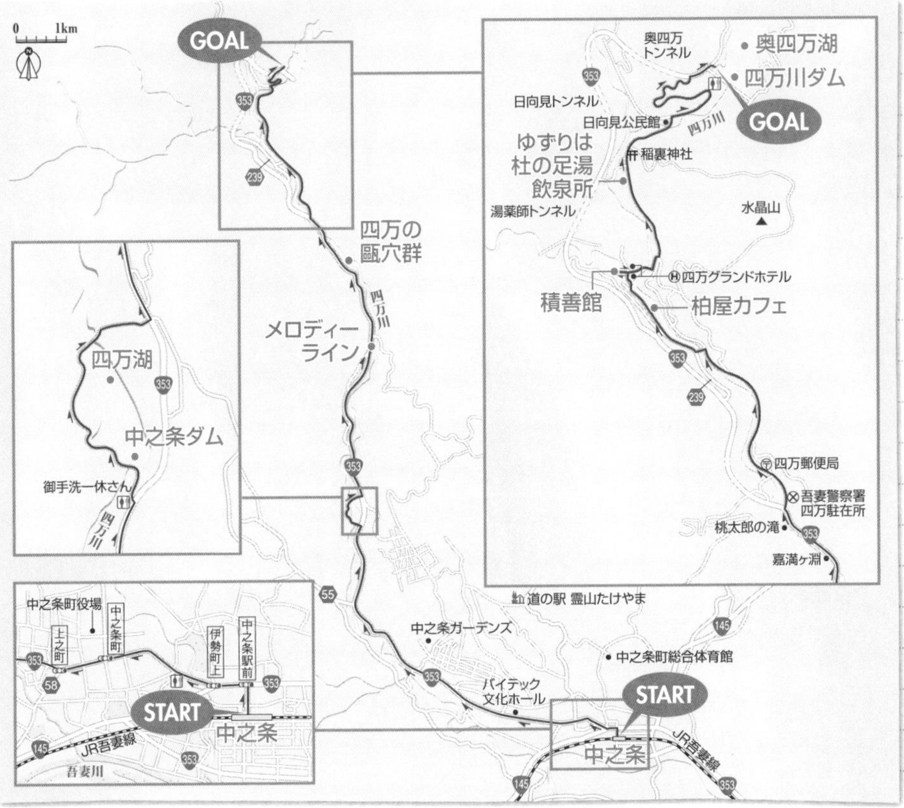

季節：夏（9月）　天気：晴れ　輪行：あり　宿泊：なし　走った距離：約20km（片道）

旅の大変度　低←○○○★○→高

旅の方向性　文化系←○○○○★→運動系

映画の世界度　低←○○○○★→高

さえこMEMO

山奥の温泉というと大変な山道を登って行くイメージがありますが、四万温泉は（終始登りではあるものの）辛くて帰りたくなるほどの坂道ではありませんでした。昔ながらの鄙《ひな》びた温泉街、できることなら一泊したかった！

➡SPOT DATA

中之条ダム　吾妻郡中之条町四万
四万の甌穴群　吾妻郡中之条町四万3497
柏屋カフェ　吾妻郡中之条町四万4237-45
積善館　吾妻郡中之条町四万甲4236
奥四万湖　吾妻郡中之条町四万

こんな服装で行きました
□ヘルメット
□アームカバー
□サイクルグローブ
ハンドルに触れる部分にゲルクッションがあり、手が痛くなりづらい。おすすめです。
カメラバッグも持参しました。
□アウトドア系ブランドのシャツ
吸湿発散性があると快適です。トレッキングウェアと自転車の相性は良いと思います。
コンパクト!!
□おりたたみウインドブレーカー
うすい素材の防寒着ですが、あるとないとでは大違い。風をよけられるだけでこんなに暖かいんだって思うはず。
□ハーフパンツ
□カラーレギンス
□ハイキングシューズ
かばんのなかみは
□化粧ポーチ
□簡易おふろセット
□自転車の鍵×2コ
□輪行袋
どこかの温泉でもらった巾着（防水）
バックポケットに
□おさいふ
□スマホ
タオル×2
試供品
コンパクトなシャンプー類
ぬれたタオルを入れるビニール袋
サイドポケットに
□リップ
□ライト
あると良かったもの！
飲泉カップ
熊よけ鈴
□ポケットティッシュ
□ウェットティッシュ
□ハンカチ
□日焼け止め
2時間おきくらいで塗ると良い感じです。

本日の朝ごはん

四万温泉をめざします！

朝4時台に出発!!

稲穂が黄金色に輝く日本の原風景…！

クルマ通れるのかな…

独特な表情の木の親子

コンパクトなダム

グルグル…

これが甌穴《おうけつ》です！

すっごい急な坂!!
こっちじゃなくて良かった…

旅の写真館
四万温泉

消火栓三兄弟

森永
ヨーグルト
ウルトラ・プロセス

レトロな木の牛乳入れ！

積善館と愛車　物語の中に入りそう！

＼奥四万湖の四万ブルー!!／

渡ってみたい通路

軽食
喫茶

山の奥なのににぎやか！

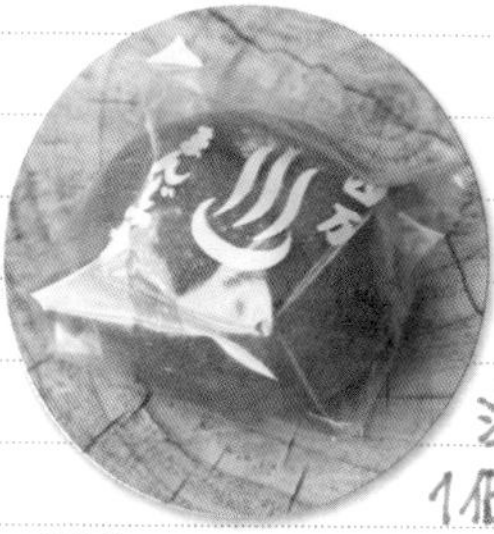

かわいい温泉まんじゅう
1個から買えますよ！

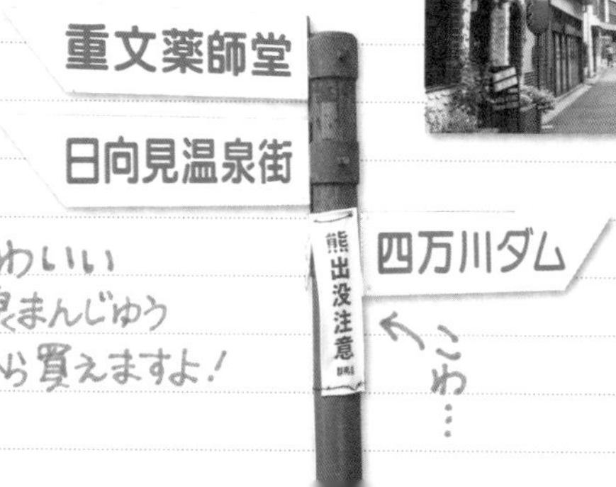
重文薬師堂
日向見温泉街
四万川ダム
熊出没注意

← こわ…

コラム

おりたたみ自転車 お悩み相談室 その1

さえこの部屋
おりたたみ自転車に興味を持ったとき誰もが思う不安や疑問
おりたたみ自転車歴10年の私が経験をもとに独断と偏見で答えます！

Q おりたたみ自転車ってどうして値段が高いの？

A 高いけど理由がある。大事に使えば一生もの！

おりたたみ自転車に興味を持った人が、必ず最初にびっくりするのがその値段。自転車に5万円、10万円なんてあり得ない！　それが普通の感覚だと思います。

おりたたみ自転車は、小さくおりたたむための複雑な構造と持ち運びやすい軽さ、そして安心して走れる強度を両立させるために、普通の自転車とは異なる構造・素材で作られています。自転車は見た目で判断しづらいので値段ばかりに目が行きがちですが、高いのにはそれなりの理由があるのです。

それでも、他の乗り物（車やバイクなど）と比べたら安いですし、ガソリン代などもかかりません。大事に使えば一生乗れますし、高いかどうかは考え方次第かもしれないですよ！（と、自分に言い聞かせましょう）。

ちなみに、1万円くらいのおりたたみ自転車も世の中にありますが、極端に重かったり強度が低かったりするので、私はおすすめできません。

お気に入りの1台を長く大切に使うというのもいいものです！

Q おりたたみ自転車ってどこで買えばいいの？

A できれば専門店で。安易なネット購入は×

おりたたみ自転車をいざ買おうというときに結構困るのが、売っているお店が少ないということです。東京や大阪などの都市部ならまだしも、地方だと取扱店が極端に少なかったりします。

「おりたたみ自転車の選び方（P96）」でもお伝えしましたが、自転車を選ぶ時に、実物を見て試乗するというのはかなり重要なことです。ですので、どんなに遠くても一度実物が置いてあるお店に行くことを強くおすすめします。そこがおりたたみ自転車の専門店だとなお良いです。乗り方やおりたたみ方、他の車種との比較など、色々教えてくれるはずですよ。

ネットで買えばより安く、手軽に買えるかもしれませんが、私としては、自分で整備できる人以外にはおすすめしません。特に初心者の人は、お店で色々教えてもらって、しっかり整備された自転車を買う方が安心です。これからのメンテナンスもお任せすることができますし、色々なトラブルの相談にも乗ってくれることでしょう。初期投資を少し渋るより、後々の安心をお金で買う方が良いです。

私の場合は、電車で1時間かけて専門店に見に行きました。壊れたときなどに気軽に相談したり、メンテナンスも頼めるので安心でした。ただし、そのお店は後に閉店してしまったので、自力で何とかしないといけない状況になったのですが…。

Q おりたたみ自転車って信じられないくらい重い！

A がんばるしかない…！

どんなに軽いおりたたみ自転車でも、6～7kgぐらいはあります。重いものだと15kgぐらいのものも。いずれにしても持って歩くにはかなり大変ですが、普通の自転車（いわゆるママチャリ）だと20kgくらいの重さなので、これでもかなり軽量化されています。自転車は金属の塊なので、ある程度は仕方ないと割り切るしかありません。ただ、1kgでも軽いほうがいいのは確かなので、予算と性能を比較しつつ、できるだけ軽い自転車を選びましょう。

私の個人的な印象だと、10kgを切ると「そこそこ持ち運べる」、13kg以上だと「絶対持ち歩きたくない」になります。ちなみに私のブロンプトン（S6L）は11.5kgですが、がんばって持ち運んでいます。

これもサイクリングのため…!!
ずっしり…

Q パンクしたらどうしよう!?

A 電車やタクシーで移動できるので過度の心配は無用

自転車である程度遠くに行くとき、多くの人が心配するのがパンクのことではないでしょうか?

確かに、パンクは予期せずいきなりやってくるので正直避けようがありません。しかし、おりたたみ自転車であれば、電車やタクシーを使って近くの自転車屋さんに行ったり、家に帰ったりできるので、パンクしても八方ふさがりという事態は避けられます。タクシーが来られないようなすごい僻地《へきち》だったりすると、話は別ですが…。

なお、おりたたみ自転車はタイヤのサイズが特殊なことが多いので、街の自転車屋さんに部品(タイヤチューブ)の在庫がない場合がほとんどです。ですので、自分の自転車のタイヤサイズに合ったチューブを常に持ち歩いておくと、いざというときに安心ですよ。

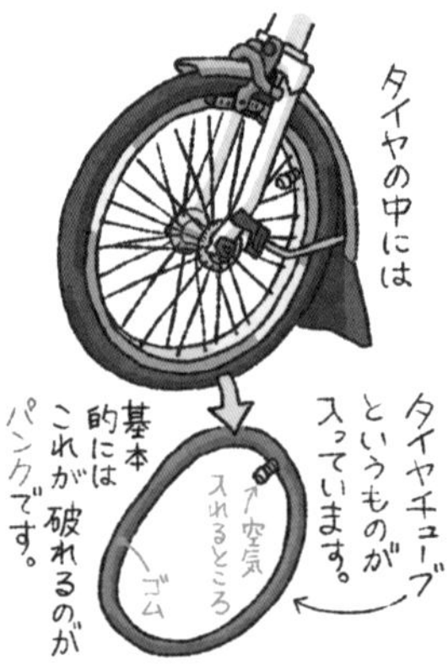
タイヤの中には
タイヤチューブというものが入っています。
空気入れるところ
ゴム
基本的にはこれが破れるのがパンクです。

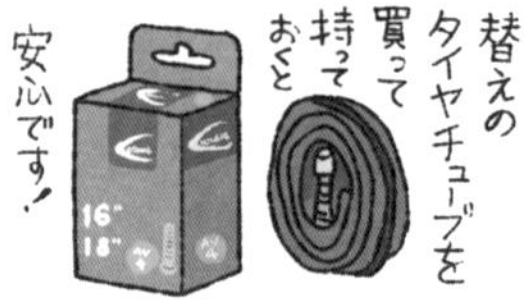
替えのタイヤチューブを買って持っておくと安心です!

Q ヘルメットって本当に必要?

A あったほうが絶対安心!

趣味として自転車に乗っていると、よく話題に上るのがヘルメットを装着するかどうか。髪型が崩れたり、そもそもヘルメット姿が嫌だったり、いろんな意見があると思うのですが、私としては、安全のためにぜひヘルメットは着けたほうがいい!と思います。

少し前になりますが、埼玉県の某所をサイクリングしていたとき、道路の側溝にハマって転びました。空き地の砂利に頭から転んだので、あのときヘルメットをしていなかったら大変なことになっていたと思います。ちなみに、パンクはしましたが、怪我はありませんでした。近くを歩いていたおばさんが「マア…! マア…!!」と叫んでいましたが、特に助けてくれなかったのが微妙にトラウマです。

サイズ・形状が色々なので自転車用品店で試着して買うのがおすすめです。

Q 愛車の盗難がこわい!

A 路上駐輪は絶対に避けて! 安全な鍵を

高価な自転車に乗っていると、それだけで盗難されるリスクが高くなります。おりたたみ自転車は持ち運びやすいのでなおさらです。私は、次の三点に注意して対策をしています。

まず、盗まれやすそうな場所(駅前やひと気のない場所)には駐輪しない。路上駐輪も絶対にやめましょう（電信柱など公共の設備に自転車をくくりつけるのは違反です）。

そして、駐輪時は2つの鍵を使う。これを〝ダブルロック〟と言います。単純に鍵を壊す作業が倍になって盗まれにくくなるのと同時に、見た目のインパクトがあるので、抑止力にもなると思います。

最後に、しっかりした鍵を選ぶ。私は8000円くらいの鍵と、2000円くらいの鍵を組み合わせて使用しています。高価で重いのですが、盗難されるよりはましだと言い聞かせています。100円のワイヤーロックは、100円のニッパーで簡単に切れてしまうこともあるらしいですよ…。

鍵は常に2コ持ち歩いています。

Q 自転車の整備ってどうしたらいいの？

A まずは毎回の空気入れから！難しいことはお店の方に

しばらく自転車に乗り続けていると、タイヤの空気が抜けてきたり、どこかからキーキーと音がしはじめてきたりするので、そういうときはメンテナンスが必要です。

メンテナンスは、自転車を購入したお店に持って行ってやってもらうのが一番ですが、空気入れや注油など、簡単なことは自分でできるとコスパも持って行く手間も大幅に省けます。特に自転車の空気は、毎回乗る前に適正な空気圧に入れることでパンクのリスクが劇的に減るので、自分でもできるようにしましょう。

自転車のメンテナンス用品は、自転車販売店のほか、ホームセンターやアマゾンでも買えますので、ぜひ利用してみてください。やり方はお店の人に聞くのもあり、またユーチューブなどで検索すると参考になる動画がたくさん出てきますよ。ぜひ探してみてください。

Q フラフラしてこわい！タイヤの小さい自転車の乗り方って？

A 慣れると安定して走れる！街なかのちょっとした段差に注意しよう

タイヤの小さい自転車にはじめて乗ると、最初はフラフラして全然安定しない！と感じるかもしれません（私もそうでした）。でも心配ご無用。これは慣れれば大丈夫になります。ただし、タイヤが小さいことで、ちょっとした段差でもつまずきやすくなるので、車道と歩道の間の段差や、踏切を渡るときなど、特に慎重に走るように心がけましょう。

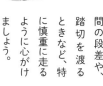

おりたたみ
自転車
はじめました

愛媛・今治
広島・尾道

あこがれの絶景、しまなみ海道へ!の旅

おりたたみ自転車はじめました

サイクリングに
来たはずなのに
数分ごとに
思わず
立ち止まってしまう
タン タン タン

それは
肌にふれる汐風
光 香り
そして
次々と現れる
感動的な景色が
私のペダルを
進ませないからだ
私は今
しまなみ海道に来ている

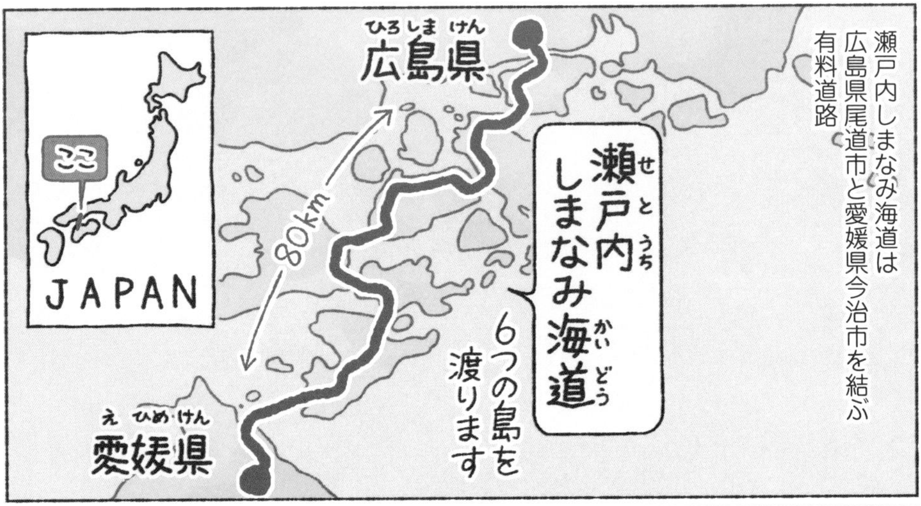
瀬戸内しまなみ海道は
広島県尾道市と愛媛県今治市を結ぶ
有料道路
広島《ひろしま》県《けん》
瀬《せ》戸《と》内《うち》
しまなみ海《かい》道《どう》
6つの島を
渡ります
80km
ここ
JAPAN
愛《え》媛《ひめ》県《けん》

全線にわたって
自転車道が併設されており
自転車道
瀬戸内海を
行き来できる
他にない
サイクリングロードです

穏やかな海と
そこに無数に浮かぶ島々
その中を自転車で
駆け抜けられる
「しまなみ海道」は
日本はもとより
世界中のサイクリストが
一度は行ってみたいと憧れる
「サイクリストの聖地」
なのです

私も
サイクリストのはしくれ…
行ってみたい
なー
しまなみ！
絶景か～
と
思い
つつも
…
でも
東京から
遠いし…
(新幹線でも
約5時間)
結構
ハードそう
だしね…
(全長約80km)
と躊躇していたのです
が
ツイッター上の
サイクリストさんたちは
口を揃えて言います
しまなみは最高
しまなみはいいぞ！
#しまなみはいいぞ
しまなみ海道は最高!!
しまなみはいい(語彙力
#しまなみはいい
しまなみはいいぞ
今年もしまなみ海道に行きます！
初心者でも全然
楽しめるよ #しまなみ
しまなみはいいぞ
くればわかるぜ…
しまなみはいいぞ
そっ
そんなに良いの！
何がどう
良いんだろう…
でも 行った人
みんながみんな
良いって言う
なんてことある？
……

9番 東海道
9番 東北
9 (上野東京ライン) 東海道線
始発 寝台特急サンライズ瀬戸 22:00 高松 14両
意を決して行ってみることにしました
やらないで後悔するよりやって後悔するほうがいい…！
ピーンポーン
JR東京駅

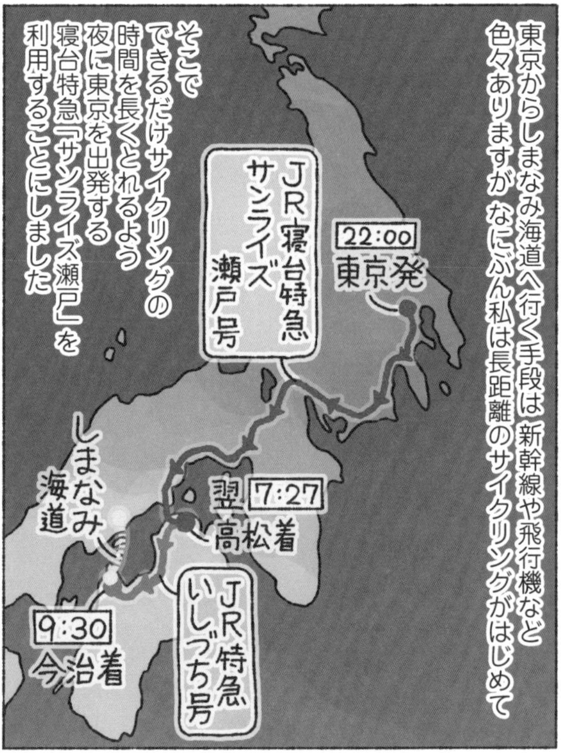
東京からしまなみ海道へ行く手段は新幹線や飛行機など色々ありますがなにぶん私は長距離のサイクリングがはじめて
そこでできるだけサイクリングの時間を長くとれるよう夜に東京を出発する寝台特急「サンライズ瀬戸」を利用することにしました
JR寝台特急サンライズ瀬戸号
22:00 東京発
翌7:27 高松着
しまなみ海道
JR特急いしづち号
9:30 今治着

そして2週間かけて必要な荷物を準備してきたのです
ドキドキ…
はじめての長旅で緊張するけどやれることはすべてやった…はず
※荷物については後ほど

B寝台しかあいていなかったのでこの部屋にしましたが、サンライズにはもっと色んな部屋があります!

1日目
9:40
JR今治《いまばり》駅
おはようございます 東京を発って12時間 スタート地点の愛媛・今治駅に到着です
久々の外の空気気持ちいいい！
ブルブル
…寝られた？寝台特急
あんまり…
とはいえ その寝台特急のおかげで 時刻はまだ朝の9時台！
元気出していきましょう～！
エーザイ
まずはしばらく今治の街を北上します
スーイ
スイ♪
今治ラヂウム温泉
あっ 青いラインみっけ！
これがしまなみ海道の道しるべなんだって！
ブルーライン
わかりやすい！
つまりこれをたどっていけば…

興奮してあまり寝られませんでした(笑)。

橋
ぇっ
来島海峡大橋
1.2Km
なに
この坂道!
最初から
この登り!?
きっ
聞いて
ないよ!
ムリ…
ムリ…
ゼェゼェ
それに…
なんでこんなに
グネグネしてるの
この道…
ゼェ
ゼェ
「しまなみ海道は
急な坂道も
自転車で登りやすいように
ゆるやかな勾配のスロープが
設けられているので
サイクリング初心者でも
安心です」だって
えっこれ
スロープ!?
坂道を登りやすいように
作られたスロープで
息を切らしていた自分って
一体…

救いだったのは長いスロープの途中に現れた魅惑的なのぼり旗でした
アイスクリーム
アイス…!?
ここがひとつ目の立ち寄りスポットです！
つめたい！
生き返る〜！
走りはじめて30分でソフト…
サンライズ糸山
のソフトクリーム！
私のしまなみエンジョイプラン！
落ち着いた所で本日の行程です！
本日はしまなみ海道のちょうど中間地点の「大三島」に宿を取ってあります！
そこまで距離はおよそ40km
時速5kmで走っても（むしろ歩いても）夕方にはたどり着けるという計算です
果たしてどうなることやら！
尾道《おのみち》
向島《むかいしま》
明日のゴール！
因島《いんのしま》
約40km
生口島《いくちじま》
今日のゴール！
H
伯方島《はかたじま》
大三島《おおみしま》
大島《おおしま》
約40km
いまここ！
スタート
今治《いまばり》
とりあえずかわいいタオルを買いました！
おみやげにもぴったり！
しまなみ海道柄の今治タオル
←今治はタオル製造で有名な街です。

休んだらまた元気出てきた！
休憩大事！
筋肉は裏切らない
再びしばらく登ります
うおー！
11:30
わわ！
わー！大きーい！
来島《くるしま》海峡大橋
世界初の三連大型吊橋

写真では何度も見てきたけど
やっぱり実際の景色は全然違う！
8Kテレビでも VRグラスでも 実物を前にした この感情の高まりは 決して再現 できないと思う
そうだね
目の前に広がる瀬戸内の雄大さにしばし感動…
こんにちはー！
えっ⁉ あ！こんにちは！
サイクリスト同士あいさつするんだね
なんだか私 既に好きになってきたよ しまなみ海道！

橋を越えた先の下り坂はもう爽快のひとこと！
車が来る心配もないし気持ちいい！
安全運転でね
スィーー！
1つ目の島
キレイ！
大島に入ります
大島
げっ…
でーん
また登り坂…！
しまなみ海道のメインコースは大島の中央部を縦断して進みます
さすがにもうムリ…帰りたい！帰る！
……
今下ってきた急坂
チラ
進むも地獄戻るも地獄
文句言いつつも進むのはえらいぞ
ハァ
ハァ
ハァ
ちなみにこの大島の坂が今回の全行程で一番きつかったです…
フウー
登りきった！
宮窪《みやくぼ》峠

山を越えたら 次は海沿いを進みます
バスのりば
GANBARU

大変だった先に
ご褒美のように
絶景が続きます！
EMOISS
EMOISS

約2時間かけて大島を越え再び橋が見えてきました
伯方《はかた》・大島《おおしま》大橋
2種類の橋が組み合わされた珍しい構造
次の島へ渡るんだね
私ひとつの島を走りきったんだ…！なんか達成感あるな～
坂も絶景も！
13:45
今日あと2つ島走るからね
あと次の島でお昼にしよ？
グゥ～
ももうこんな時間!?
がんばって進みます
あれさっきの坂よりだいぶらくちん
伯方・大島大橋
…もしや私しまなみのペースがつかめてきた？
今の言い方サイクリストっぽい!?
さっきまで泣き言を言ってたのにね
シャー
2つ目の島伯方島だー！
道の駅
伯方《はかた》島

伯方島は塩が有名なんだって
それってもしかして
はかたのしお
の塩？
だと思うけど…
うるさいよ
そのとおり！「伯方の塩」はここ伯方島に工場があるんです
ちなみに、隣の大三島にある大三島工場では工場見学ができるそう！
(事前にご確認ください)
伯方《はかた》の塩
急に親しみがわくよね
そんな伯方の塩を使ったグルメが楽しめる道の駅で本日のお昼ごはんです
道の駅 伯方S・Cパーク
「マリンオアシスはかた」
グウ～
名物 伯方の塩ラーメンです！
塩っけが適度に効いていて汗をかいた体にしみわたるぅ～！
伯方の塩ラーメン

食後のデザートも もちろん
伯方の塩ソフト！
走ってきた橋を眺めながら食べるソフトは実質0キロカロリー
コクがあって美味しい〜！
伯方の塩ソフト
でこたんジュース
今日2コ目だけどね
ちなみに伯方島にはコンビニもあります！
私たちは今夜素泊まり（ごはんなし）なので
ここで夕飯と明日の朝食を調達しました
カバンの中がパンパンだぜ
おりたたみリュックを持ってきて良かった…！
着替えなど軽くかさばるものはリュックへ
コンビニ弁当は自転車のバッグに
次の橋を渡って 3つ目の島 大三島へ
本日ラストの橋だね！
大三島《おおみしま》橋
アーチ橋
吊り橋じゃない!!
16:10
西日の差す絶景の中を静かに駆け抜けます
かなりゆっくり観光してきましたが 充分夜までには着きそうです

大三島はレモンの産地として全国的に有名なんだって
あっそうだ!行ってみたいお店があるんだった
これもパンフで見た
というわけで
ちょっと寄り道して…
こちらのお店に立ち寄ってみます
インスタで見たんだ!
大三島リモーネ
わあ!お店の中レモンのいい香りがする!
「大三島リモーネ」はここ大三島のレモン農家さんのお店
店内に所狭しと並ぶ自家製のレモンリキュールやクッキーなどのオリジナルドルチェレモン雑貨の数々がとってもキュート!
ようこそ!
店長の山﨑さん
Limoncello
Limoncello Berry
お酒
大三島リモンチェッロベリー
お酒
大三島リモンチェッロ
Limone Dolce
チョコレモンクッキー
オリジナルレモン絞り器
超かわいい!

一日中めいっぱい楽しんだって感じ！疲れた～
そーだね
色々買いました
でも大丈夫今日の宿はここからすぐ！
？
ご近所さんなんだ
この裏路地を入って…
ここだ！
え？フツーのお家じゃん
電話かけてみるよ
ようこそいらっしゃいましたこちらです！
オオミシマスペース
案内してくれた管理人の増田さん

「オオミシマスペース」は
大三島の古民家を改装した
一棟貸切の宿
・・・
島の実家に帰ってきたような
懐かしくも不思議な体験が
できる宿泊施設なのです！
広ーいダイニングテーブル！
縁側!!
TATAMI!!
洗濯乾燥機のありがたさよ〜！
レトロだけどしっかり温水洗浄便座!!
当然ながら
泊まれるのは1日1組のみ
今回 超運よく予約が取れたのです…！
ペットは泊まれませんのであしからず！
広いお風呂も至極快適！
ババンババンバンバーンてな
（発言がオッサン）
グワン
グワン
今日汗をかいた服もすぐにサッパリ
フゥーーッ
ドサッ
何度も諦めようと思ったけど
こんな私でも無事1日40km走りきれた…
そして何より楽しかった…！
すごい充実感！
さえちゃんカンパイしよ！
お疲れさまでした〜！
このあと めちゃくちゃ寝た。
1日目おしまい

旅の写真館
しまなみ海道
1日目

自転車!

サンライズ瀬戸
高松

はじめての寝台特急に胸が高まります!!

巨大なコンテナ船も
雄大な景色の中では
小さく見えます

ポツンと立つかわいい灯台

大きな船が建造中でした!

来島海峡大橋
Kurushimakaikyo Bridge
自転車歩行者道入口
原付道入口

海沿いで記念にパチリ!!

しみわたる美味しさ…

素晴らしい瀬戸内の絶景 しまなみはいいぞ…!!

青い窓枠がすてきなリモーネさん

至福の時間…!

100%で濃厚!!

オオミシマスペースさん
とっても良いお宿でした!

夕ごはん

レモンケーキ♡

きれいに絞れる!

一目ぼれしたレモン絞り器

2日目
6:00
サイクリストの朝は早い
こんなさわやかなめざめこの歳になってめったにない
コンビニおにぎりが最高のごちそうに感じる
のんびりしていたらこんな時間に…
8:00
奥さまに鍵をお返ししてオオミシマスペースを後にします
またいらしてくださいね
おとといは寝台特急で寝不足だったから昨日は超ぐっすり眠れたよ〜
筋肉痛はどう？
サイクリストの聖地記念碑
※完全にスルーしてしまいました…
今のところ大丈夫！夜にやったマッサージが効いたのかな？
あっ
ほんのりレモンの香りがする！
ほんとだ！
レモン名産地の名は伊達《だて》じゃないね！
鳴き龍
橋が反響するふしぎスポット
多々羅《たたら》大橋
斜張橋

次の生口島もレモン栽培で有名な島です
レモン谷へようこそ
レモン畑!!
（サイクリングロードから見える！）
レモンの形のベンチ（でかい）
実はみかんとかもある
サイクリングロード
生《い》口《くち》島

私のしまなみエンジョイプラン！
2日目
尾道
向島
因島
生口島
大三島
いまここ！
あと35km！

なんだかとってもにぎやかになってきた
港町だ！
映画に出てきそうな絵になる風景だね

大林宣彦監督の映画『転校生』の舞台にもなった街です。

生口島はかつて瀬戸内海を通る船の中継地点として水運で大変栄えた地
往時《おうじ》の繁栄を伝える古く重厚な街並みが今も多く残っています
こんなでっかい建物が島にあるなんて
瀬戸田《せとだ》地区

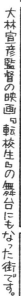

そんな街並みには今風のおしゃれなお店も点在していて立ち寄り休憩にぴったりです
♪♪♪
CAFE VIA《ヴァイア》 shimanami
店主の前川さんはブロンプトン乗りです!!
レモネード
んだ!
これだけ柑橘系の香りをかいできて食べないわけにはいかないでしょ!
ブラッドオレンジのマフィン
歴史とグルメの港町瀬戸田《せとだ》
おじょうちゃんコロッケ食べていかない?
ハアイ!
おじょうちゃん!!
こういう昔ながらのお店もイイ!です
UMA~
岡哲《おかてつ》商店のコロッケ
すぐ近くには「西の日光」と呼ばれる超絶きらびやかなお寺「耕三寺」もあり必見です
歴史を調べると大変面白いお寺です
耕三寺《こうさんじ》

明らかに食べすぎだけど
森のトンネル!
サイクリング中の間食は不思議と罪悪感がないのです
11:30
サイクリングは食べものを美味しくする
食べものはサイクリングを楽しくする
それでいいんじゃないかなあ
さえこ
謎の言い訳をしつつ5つ目の島・因島へ
因島《いんのしま》
生《い》口《くち》橋
斜張橋
そしてここにも外せないしまなみグルメが!
「はっさく屋」のはっさく大福!
中にまるごとはっさくが1コ入っていてとーってもジューシーです!
これをお昼ごはんとする!
いちご大福
↑こちらも超美味しいのでおすすめです!
はっさく大福
ちなみに因島には「自転車神社」として親しまれる大山神社があります
サイクリストはぜひ立ち寄って旅の安全をお祈りしましょう!
大山神社
写真撮りましょうか?
親切な↓巫女さん!
交通安全
かわいい!
自転車守

13:30
因島を過ぎればしまなみ海道もいよいよラストスパート
自動車が走っている所の下を通る珍しい構造です
涼しい～
自動車
自転車・原付
因島《いんのしま》大橋
二層構造吊橋
向島《むかいしま》
因島大橋を渡ると最後6つ目の島向島に入ります
向島にはぜひ行ってみたかったスポットがありました
後藤飲料水工業所
ここだ！
後藤鉱泉所
すみませーん
ハァ～イ
ここ「後藤鉱泉所」はサイダーなどの飲料を作る今では珍しい自家製の飲料店 一本から買うことができ その場で飲めるスペースがあるので サイクリストも気軽に立ち寄ることができますよ！
TRADE 5 MARK
全糖
CIDER
サイダー
それブロンプトンよね！
ご存じなんですね！
話し好きの奥さまとしばし談笑楽しいひとときでした！

ここ向島から
本州・尾道市街へは
フェリーを使って渡ります
これがしまなみ海道
最後のイベント！
ブォブォ
カンカン
ギコ
ギコ
ファーン
最後は橋を
渡るんじゃ
ないんだね！
尾道行
カーフェリーのりば
尾道渡船(株)
尾道渡船
?
フーン
渡船ってロマンですね
汐風が
心地良い
ヴォオオオオオ
数分間の
クルーズでした
ザバァン
ザバァン

ここがしまなみ海道の終着点
広島県尾道市です
有効高さ 2.9M
ブオブオ
ブオブオ

ボボボボ
ヴォオオオオ
ブォオォン
カラカラ
フゥ……
16:00
ゴール!!したーー!!
本州!!
島をずっと走ってくるとすっごい大都会に感じるね
私でも走れるんだな80km…
今の私ならどこまでも行けちゃいそう!
そりゃあすげえや
じゃあこの足で尾道街中散策しちゃう!?
えっ うーん 今日はもういいかな…
明日ね

正確には、しまなみ海道のゴール・起点は尾道駅です。(ここから徒歩10分程)

そして 本日の宿はこちら!
ONOMICHI U2は港の倉庫をリノベーションした複合施設でホテルの他にもレストランや自転車店などおしゃれなお店が入居しています
ONOMICHI U2《ユーツー》
中もめっちゃかっこいい!
HOTEL CYCLE
ペットは泊まれませんのであしからず!
さらに こちらのホテルの一番の特徴がこれ!
ロードバイク用スタンド
映《ば》える～!!
自転車をそのまま部屋に入れられる!
夕ごはんはどうするの?
軽くシャワー浴びてから食べに行こっか
ONOMICHI U2オリジナルのルームウェア。着心地が良いんです!
サッパリ♥
うひぃぃぃ～!!
ボフ
スヤァ…
オイ!!
このあと尾道焼きを食べに行きました
2日目おしまい

旅の写真館
しまなみ海道 2日目

レモン谷にあった巨大なレモンのオブジェ…!!

本当にさわやかな朝でした!

はっさく大福・いちご大福と しまなみステッカー付きチョコ!!

甘くみずみずしくて美味でした

↑道沿いの販売所で「はれひめ」という品種のみかんを買いました 美味しかったけど持って帰るのは大変!(笑)

尾道まであと少し…

通りがかりの地元の方にここで写真を撮っていただきました

/橋なのにわたるな!?\

海のキラキラにうっとり… 少し名残惜しい!

後藤鉱泉所さんのマルゴサイダー!!

/そしておかわり!! ミルクセーキです/

甘さひかえめで私好みでした!!

夕ごはんは、これ!!

「尾道焼き」です!!

うま!!

3日目
3日目の今日は坂と階段の街尾道の散策です！自転車で走れるような道はほとんどないので自転車は宿に預かってもらい歩いて散策します
山頂駅
展望台
玉の岩
除虫菊
千光寺山ロープウェイ 山の上の千光寺まで一気に登れる便利な乗り物 坂道の多い尾道の強い味方です
猫の細道
千光寺 山の七合目あたりにある尾道のランドマーク的なお寺 玉の岩伝説の巨岩も必見です
千光寺道
千光寺新道
天寧寺《てんねいじ》三重塔
ガレットゥーリ コモン ジェラート・ソフトとワッフルのお店 街歩きしながらのジェラートは絶品
山麓駅
帆船のマークが目印
尾道帆布
チャイダー
JR山陽本線
今回は抜粋しましたが街や商店街はもっと続いています。一日中散策できますよ！
工房尾道帆布 素朴でかわいい帆布小物のお店 尾道に来たらおみやげにぜひ
チャイサロンドラゴン 路地裏の面白い喫茶店。緑茶とサイダーをブレンドした「チャイダー」が名物！
尾道本通り商店街 尾道の海沿いを東西につなぐ大きな商店街は活気にあふれていて魅力的なお店が色々
SPECIAL ICECREAM
もなかに挟んで食べ歩きできる！
サイクルシップ ラズリ 尾道と生口島を結ぶ自転車が載せられる船しまなみ海道を気軽に楽しめるのでおすすめ！
からさわ 手作りアイスクリームが美味しいお店

路地裏散策がたのしい!
癒され尾道散歩
尾道市立美術館
入り組んだ路地と猫
坂の街 尾道には 徒歩
でしか入れない狭い道が
たくさんあります
路地裏にお店があったり
子猫がいたり 冒険するのが
楽しいですよ!
ネコノテパン工場
路地裏の奥にある
小さなパン屋さん
本当に小さくてお客さんが
一人しか入れないです
小ぶりなパンは
食べ歩きにぴったり
尾道市立土堂小学校
様々な作品の舞台となった
戦前建築のレトロ小学校
現役施設なので
外から眺めましょう
こちらが私の散策したルート!
ゆっくり歩いても2時間あれば
充分回れる のんびりやさんに
おすすめのコースです
お店もパッケージもかわいい!
おやつとやまねこ
昔の駄菓子屋さんみたいな
レトロな見た目の
プリン屋さん
お魚の形のレモン
ソース入れがかわいい!
JR尾道駅
2019年に
建て替えられた
駅舎は自転車の
輪行がしやすく
なりました
行ってみよー!
本通
ONOMICHI U2
2014年にできた
サイクリストフレンド
リーな複合商業施設
ホテルのほか
おしゃれなショップや
レストランもあり
ハーフ&ハーフでごはんがすすみます!
日乃出食堂
尾道ラーメンが
楽しめる食堂
アベックどんぶりは
インパクト抜群!

坂の登り降りがたくさんあってもうクタクタ…
80kmもサイクリングした後にコレだもんしかたないよ
足が棒になったよ
でも斜面に密集して立つ家々入り組んだ路地裏に点在するおしゃれなお店と活気のあるレトロな商店街！私尾道大好きになっちゃった！
再訪を心に誓う私なのでした
そうだね
それから
宿で預かってもらっていた荷物を回収して…
着替えなどの大荷物
自転車
お世話になりました
14:00
JR尾道駅に到着しました
JR尾道駅
今回の旅最後の袋詰め…
ここからはJR山陽本線で福山駅まで行きそこから新幹線で東京まで戻ります
帰路
15:06
福山発
のぞみ34号
18:36
東京着
らくちん！
ふるさとのお母さん あたしやりとげたんよ…
アノモシ～

尾道
おのみち Onomichi
ソレ ジテンシャデスカ…？
そこにいたのは外国から来た観光客のご夫婦でした
ソソーデス！
オー！ファンタスティック
シマナミカイドーデスカ？
ワタシタチモイキタイトオモッテイマース
尾道側からしまなみ海道を走る予定なのかな…
おすすめしてあげたい！
このとき私ははじめてツイッター上の方々の気持ちがわかったのです
しまなみ海道の良さはとても一言では言い表せない…
そうか！
今なら私も声を大にして言える！
シマナミ（しまなみ）イズ（は）グッド！（いいぞ）
おしまい

リッチな朝ごはん!!

↓はしまき

旅の写真館

しまなみ海道

3日目

コマのような形がかわいい山頂展望台
お気に入りでしたが老朽化により建替えに..

尾道の隠れミッキー的な存在「福石猫」思いがけない所にいるので探してみよう!

バニラと紅茶のダブル!!

ロープウェイから一望する尾道!!

尾道にはヌコがいっぱいいるよ

路地裏に静かに佇むネコノテパン工場さん パンも小さくてかわいい！

上がったり下がったり
曲がったり戻ったり
迷路のような細い道

甘食みたい!?

ネコノテパン工場
CONEL

ロープウェイのチケットほしいニャ

券売機

風格を感じる背中

おみやげは

瀬戸内しまなみ海道
サイクリングマップ
SHIMANAMI

楽しかった思い出と共に！

山頂から見る尾道渡船
今日も活躍しています

MAP & DATA しまなみ海道

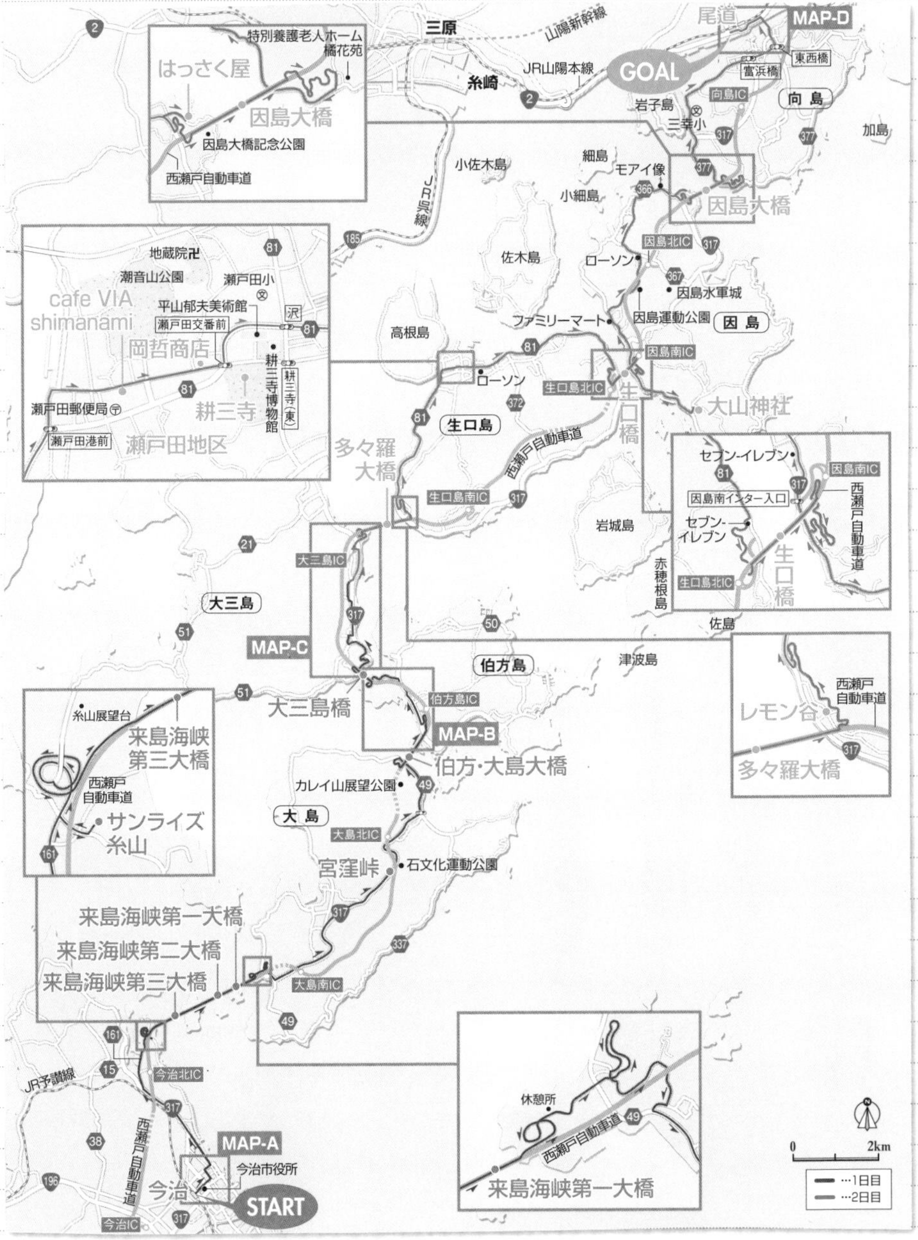

➡SPOT DATA（1日目）

サンライズ糸山　愛媛県今治市砂場町2-8-1　大三島リモーネ　愛媛県今治市上浦町瀬戸2342

道の駅 伯方S・Cパーク「マリンオアシスはかた」　愛媛県今治市伯方町叶浦甲1668-1

季節:夏(8月)　天気:晴れ　輪行:あり　宿泊:2泊3日(寝台特急1泊含む)　走った距離:約84km

旅の大変度　低←○○○○★→高

旅の方向性　文化系←○○○★○→運動系

絶景頻出度　低←○○○○★→高

さえこMEMO

はじめての長距離サイクリング。80kmと聞くと大変な距離だと思われるかもしれませんが、2日間に分けて走ったこと、そしてしまなみ海道ならではの次々と現れる絶景のおかげで、ほぼ初心者の私でもなんとか走りきることができました。

➡SPOT DATA(2日目)

オオミシマスペース　愛媛県今治市上浦町甘崎 1538
cafe VIA shimanami　広島県尾道市瀬戸田町瀬戸田426-1
岡哲商店　広島県尾道市瀬戸田町瀬戸田517-4
耕三寺　広島県尾道市瀬戸田町瀬戸田553-2
はっさく屋　広島県尾道市因島大浜町246-1
大山神社　広島県尾道市因島土生町1424-2
後藤鉱泉所　広島県尾道市向島町755-2
千光寺山ロープウェイ　広島県尾道市長江1-3-3(山麓駅)
ガレットゥーリ コモン　広島県尾道市長江1-2-2
千光寺　広島県尾道市東土堂町15-1
サイクルシップラズリ　広島県尾道市東御所町(尾道駅前のりば)
工房尾道帆布　広島県尾道市土堂2-1-16
チャイサロンドラゴン　広島県尾道市土堂1-9-14
からさわ　広島県尾道市土堂1-15-19
ネコノテパン工場　広島県尾道市東土堂町7-7
おやつとやまねこ　広島県尾道市東御所町3-1
尾道市立土堂小学校　広島県尾道市西土堂町6-44
日乃出食堂　広島県尾道市土堂1-11-2
ONOMICHI U2　広島県尾道市西御所町5-11

こんな服装で行きました

□サイクルジャージ
吸汗性と速乾性に優れたサイクリング用のジャージ。軽くてかさばらないので、長旅にはぴったりです。柄が派手目のものが多いですが、探せばシンプルなものも。
すぐ乾く!
小物が入るポケットがある。
ピチピチ感に抵抗のある人は、ひとつ大きいサイズがゆったり着られておすすめ。
□ヘルメット
長距離でスピードの出る場面もあるのでヘルメットは絶対あったほうが良いと思います。
□アームカバー
Amazonで800円くらいのものですが日焼け防止に効果大!そして涼しい!
□サイクルグローブ
□ハーフパンツ
□レーサーパンツ
通称「レーパン」長距離を自転車で走るときにおしりが痛くなるのを防げるパンツ。本当に痛くならず効果絶大なので試してみる価値あり!Amazonで3000円くらいでした。
(裏面)クッションがついています。
インナー的に使える短いタイプも。
□くつした
アンクルカット
□スニーカー

かさばる着替えを減らすための着回し旅スタイル
ねむいことこの上なし
他の衣類を洗濯しているときに着る服
Tシャツ
ステテコ
サイクルジャージと下着は2着ずつ
毎日洗って同じものを着ます。
寝るとき
3日目
2日目
0/1日目

今回は、泊まる施設2ヶ所ともに洗濯乾燥機があることがわかっていたので、衣類をかなり減らすことができました。

衣類(着ていくものも含む)

- □サイクルジャージ×2
- □ショートパンツ×1
- □レーサーパンツ×1
- □下着×2セット
- □くつした×2足
- □パジャマ×1セット

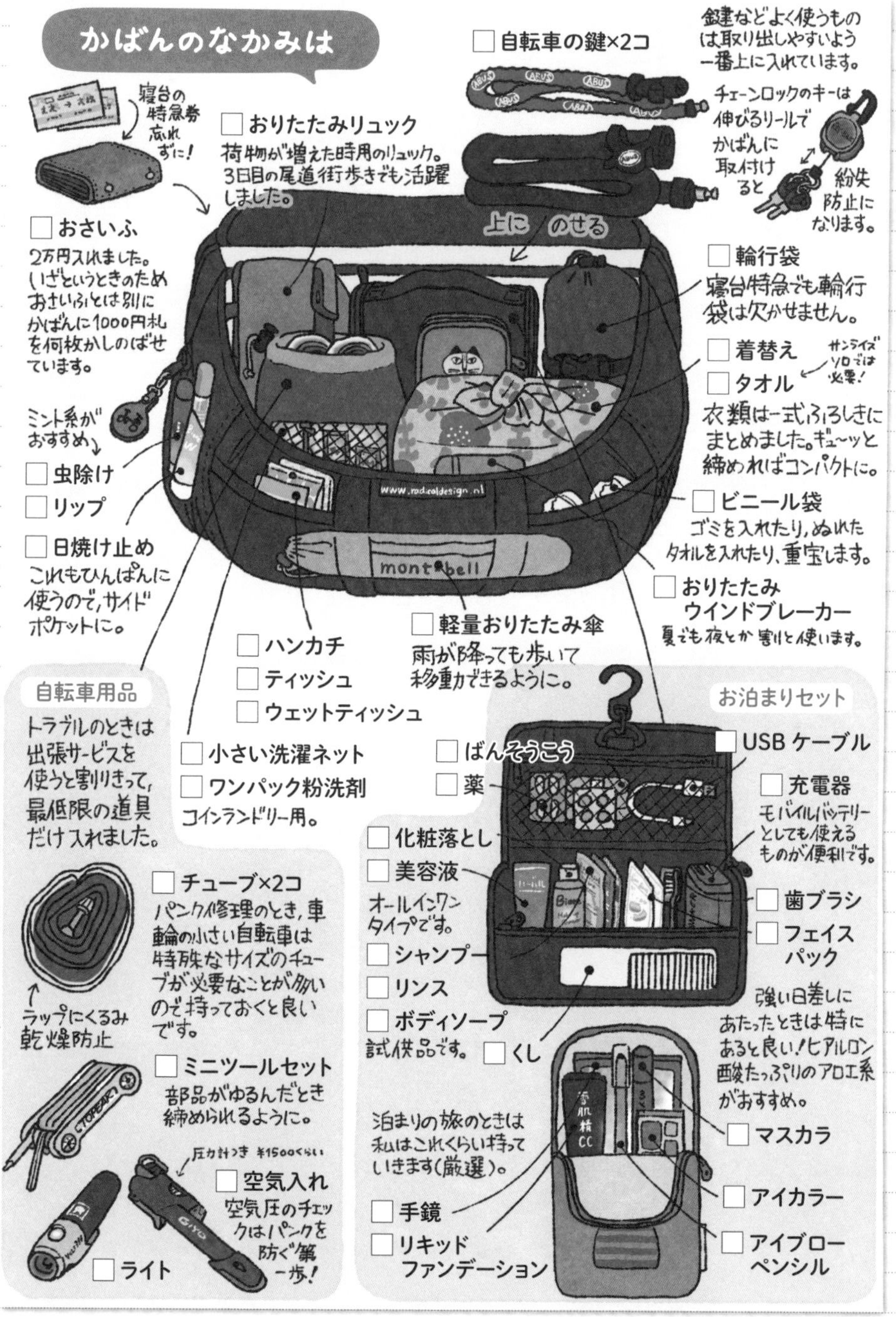
かばんのなかみは
寝台の特急券忘れずに!
□おりたたみリュック
荷物が増えた時用のリュック。3日目の尾道街歩きでも活躍しました。
□おさいふ
2万円入れました。いざというときのためおさいふとは別にかばんに1000円札を何枚かしのばせています。
□自転車の鍵×2コ
鍵などよく使うものは取り出しやすいよう一番上に入れています。
チェーンロックのキーは伸びるリールでかばんに取付けると紛失防止になります。
上に のせる
□輪行袋
寝台特急でも輪行袋は欠かせません。
□着替え
□タオル
サンライズソロでは必要!
衣類は一式ふろしきにまとめました。ギューッと締めればコンパクトに。
ミント系がおすすめ
□虫除け
□リップ
□日焼け止め
これもひんぱんに使うので、サイドポケットに。
www.radicaldesign.nl
mont-bell
□ビニール袋
ゴミを入れたり、ぬれたタオルを入れたり、重宝します。
□おりたたみウインドブレーカー
夏でも夜とか割りと使います。
□軽量おりたたみ傘
雨が降っても歩いて移動できるように。
□ハンカチ
□ティッシュ
□ウェットティッシュ
□小さい洗濯ネット
□ワンパック粉洗剤
コインランドリー用。
自転車用品
トラブルのときは出張サービスを使うと割りきって、最低限の道具だけ入れました。
□チューブ×2コ
パンク修理のとき、車輪の小さい自転車は特殊なサイズのチューブが必要なことが多いので持っておくと良いです。
ラップにくるみ乾燥防止
□ミニツールセット
部品がゆるんだとき締められるように。
TOPEAK
圧力計つき ¥1500くらい
□空気入れ
空気圧のチェックはパンクを防ぐ第一歩!
GIYO
□ライト
お泊まりセット
□ばんそうこう
□薬
□USBケーブル
□充電器
モバイルバッテリーとしても使えるものが便利です。
□化粧落とし
□美容液
オールインワンタイプです。
□シャンプー
□リンス
□ボディソープ
試供品です。
□くし
□歯ブラシ
□フェイスパック
強い日差しにあたったときは特にあると良い!ヒアルロン酸たっぷりのアロエ系がおすすめ。
香肌精 CC
泊まりの旅のときは私はこれくらい持っていきます(厳選)。
□マスカラ
□アイカラー
□手鏡
□リキッドファンデーション
□アイブローペンシル

コラム

おりたたみ自転車 お悩み相談室 その2

おりたたみ自転車の楽しみ方、わかってきていただけたでしょうか?
ここでは一歩踏み込んで、おりたたみ自転車と旅に出るときの
不安や疑問についてお答えしていきますよ!

Q 自転車旅って どうやって計画を 立てればいいの?

A 私の例を ご紹介します!

旅の目的はなんでも良い!

自転車旅をするとき、私がどうやって計画を立てているのかをまとめてみました。計画の立て方は人それぞれだと思いますが、ひとつのご参考になればと思います。

①まずは旅の目的と行き先を決める

まず第一に、旅の目的を決めます。旅の目的は何でもありで、例えば日頃の疲れを取ってリフレッシュしたいとか、お花見をしたいとか、温泉に入りたいとか漠然としたものでも良いですし、あのご当地グルメを食べたいとか、あの作品の舞台になったあの景色を見たいとか、より具体的なものでも良いです。具体的な行き先が決まっていればそれはすぐにでも計画を立てられますが、漠然とした目的のときは、どこへ行けば一番しっくりくるか、時間をかけて考えます。私にとってこの時間はとっても大事で、ここでいい加減に行き先を決めてしまうと、旅が楽しくないことがあるのです。ただし、いい加減に決めた行き先でも、思いがけない良さや発見があったりもするので、難しいところではあるのですが…。

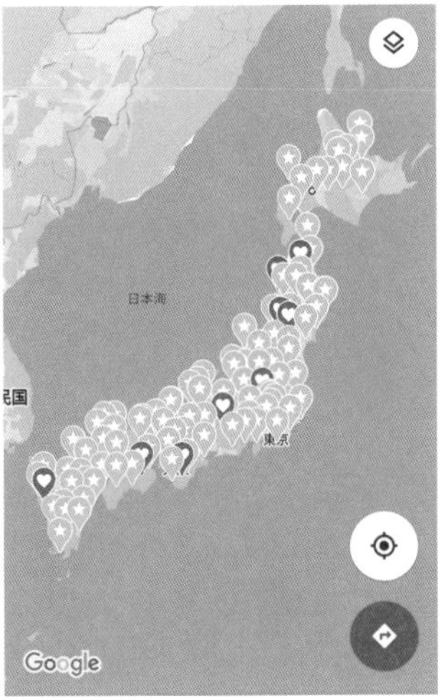

私のグーグルマップには大量の★マークが…

私が行き先を考えるときに使うツールは、主にグーグルマップです。日頃から、ツイッターやインスタグラムなどのSNSで「これは!」と思ったお店や景色などをグーグルマップに★マーク(行きたい場所として登録)をつけて備忘録的に保存しています。そのときは行けなくても、後ですごく行きたくなったり、後述しますが周辺の他のスポットと組み合わせたときに

とても魅力的になったりするので、この★マークの蓄積はとても役に立っています。SNSの他にも、テレビ番組だったり、雑誌だったり、行きたいと思った場所は、すべてそのグーグルマップに保存して一元管理しています。

②次にサイクリングのスタート地点を決める

行き先が決まったら、そこへの行き方を考えます。輪行が基本なので、目的地の近くに駅があればそこをスタート地点にして、そこから自転車で走って行けば良いだけなので簡単です。しかし、近くに駅がない場合は、駅から目的地までの距離を自分が自転車で走れるかということを考えます。坂道が多いかどうかや、道は広いかなども含めてグーグルマップのストリートビューなどを見ながら検討すると判断しやすいです。

私の場合は、平地であれば1日に30㎞以内のサイクリングが「観光も寄り道も楽しむサイクリング」にちょうどいいです。30㎞以上のサイクリングになると、サイクリングをメインにした本気旅という感じになってきます。しまなみ海道のときの様に。

③近くに面白そうなスポットがあれば経由地に加える

目的地とスタート地点が決まったら、その周囲に面白そうな立ち寄りスポットがないかを探します。前述したグーグルマップの★マークが役に立つ場面で、周囲に★マークが複数あれば、それをつなげるだけで旅のルートが完成します。もしなければ、インスタグラムなどを使って、周辺の地名などで「○○ グルメ」「○○ 絶景」と検索してみるのもおすすめです。後になってから「近くにこんなお店があったのに！」って悔しがるのが嫌なので、特に遠方に行くときはしっかり調べてから行きます。

④旅のゴール地点とコースを決める

輪行を使ったサイクリングが特徴的なのは、スタート地点とゴール地点が別の場所でも大丈夫ということです。つまり、Aの駅で降りてサイクリングして、Bの駅から電車に乗って帰る、という計画ができるということです。もちろんスタート地点と同じ駅でも大丈夫。場所によっては色々なルートが考えられると思いますので、ここは結構試行錯誤する

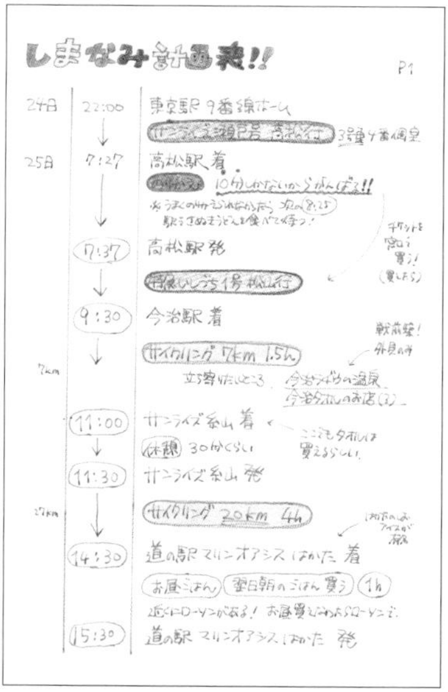

しまなみ海道サイクリングを計画したときに作った旅の行程表

ことが多いです。電車や宿の予約が必要であれば、この時点で。
私はこのとき、なんとなくの行程表を作ったりすることが多いです。手作りの地図（しおり）を作るのも楽しいですよ。ルートも頭に入るし、後で記念にもなるので一石二鳥です！

⑤旅に出る

もう準備万端。あとは旅に出るだけです。ここまで読んで、私は旅の計画をばっちり決めてから行動しているように思われるかもしれませんが、当日は結構無視して適当に動き回ることも多いです。面白そうなお店があったらふらっと立ち寄ったり、景色の良さそうな道を選んで走ったり。
自転車旅はその自由さが面白いところでもあるので、計画はあんまり綿密に決めすぎず、ゆるく作っておくくらいが、ちょうどいいのかもしれません。

Q 道に迷ったらどうしよう？

A デジタルとアナログをうまく組み合わせて活用！「人に聞く」のも旅の醍醐味

自由気ままに走り回れるのが自転車旅の良いところですが、その半面、道を間違えたり、現在地を見失ってしまうこともよくあります（少なくとも私はあります…）。
そんなときに役立つのはスマホ。GPSを使ってグーグルマップで現在地と方角を見られるようになったのは、方向音痴の人にとっては革命と言えるでしょう。ただし、GPSもグーグルマップも完璧ではないので、現在地がずれてしまったり、細かい道路が表示されなかったりということもあります。
そこで、あえて「電柱に書いてある地区表記を見る」とか「人に聞く」ことを私はおすすめします。どこに行っても、電柱にはたいてい現在地が記載されています。それをグーグルマップと照らし合わせれば、間違いなく現在地がわかるというわけです。
また、勇気を出して地元の方に聞いてみるというのもおすすめです。地元の方なら一番詳しいはずですし、もしかしたら思わぬ情報を聞けるかも。そんな出会いがすてきな思い出になることも多いのです。
デジタルの良さとアナログの良さをうまく組み合わせることが、自分の現在地を知る一番の近道かもしれません。

あっち行って右だよ！
ありがとうございます…
地元の方の優しさがすてきな旅の思い出になることも！

Q 自転車旅の途中で突然の雨。どうしよう？

A 輪行を駆使して解決しよう！

自転車旅は晴れているときにやりたいものですが、どうしても突然の雨に見舞われることがあります。雨が降っても大丈夫な服装をあらかじめ用意しておけば問題はないのですが、思いがけない雨の場合、サイクリングは中断せざるを得ません。
そんなときにも活躍するのが輪行です。近くに駅があれば乗ってしまえばいいですし、タクシーを呼ぶのもあり。行き先で宿を予約しているときなども、電車やバスで現地に向かうことができます。
雨がすぐやみそうなら、おりたたんで喫茶店で休憩したりもできますよ。臨機応変に対応できるのが輪行旅の面白いところです。

ヘルメット
グローブ
反射材
テールライト
走行中はブレーキに指を添えて
ライト

安全運転・安全装備はサイクリングの基本です

Q 怪我や事故を防ぐためにできることは？

A 安全運転・安全装備が一番大切！

忘れてはいけないのが、自転車も道路を走る乗り物のひとつであるということ。事故にあうリスクもあれば、逆に事故を起こしてしまうリスクもあります。それを踏まえて自分ができることは、交通ルールをしっかり守ることと、自分を守る安全装備はしっかり身に着けるという2点です。
交差点では一旦停止、左右の確認。夜はライトをつけて。ごく当たり前のことですが、こういった基本的なルールをしっかり守るだけで、かなりの自転車事故は減らせるのではないかと思います。また、ヘルメットは義務ではないですが、自転車に乗るのが好きな人はぜひ装着しましょう。そして、いざというときのために自転車保険に入っておくのもおすすめです（私も加入しています）。余談ですが、自転車保険にはロードサービスが付帯しているものが多いので、パンクなど、いざというときに現地まで来てもらえますよ。

危ない場所だから「止まれ」があるんです
あたりまえですが…
止まれ STOP

ルールルル ルルル
はじめての世界は不安がつきもの でもそれも含めて楽しかったりするものです
勇気を出して踏み出した先にはたくさんのワクワク・楽しみが待っていますよ！

おわりに

へぇー
日本にはしまなみ以外にもサイクリングロードがたくさんあるんだ
絶景
日本のサイクリングロード
えっ ここうちから近いじゃん
趣味
…
このところしまなみ海道を走りきった充足感でしばらく自転車に乗っていなかったのですが
つかれとも言う…
カラカラ
カラカラ
少し落ち着いてくると自然とまたペダルを踏みたくなってきたのでした
サイクリングロードって
多摩湖自転車道
ここかー!
しまなみも良かったけど
こういう街なかのサイクリングもいいな…

むく
あらおはよ
お…なんだかすてきな道だね
でしょ！近所にこんな道があったなんてびっくり！
家から遠く離れた場所でもごく近所でも気軽な気持ちで冒険気分が味わえる
それがおりたたみ自転車の一番の面白さかもって思う！
なんか…一皮むけたね
何といってもしまなみ走ったからね
さて！今度はどこ行こう～
あの…

あっ！やっぱりさえこさん！
クミちゃん!?
どうしてこんなところに!?
ウチすぐそこなんですよ
そんなことより
今のさえこさんなんというかすっごく！
サマになってました！
えっそう!?
自転車もおしゃれだしっ！
エヘヘ…
あれこの感じどこかで…
そういえば…私も最初は見た目のおしゃれさでおりたたみ自転車に興味を持ったんだっけ…
これおりたたみ自転車なんだよ～
かわいい！

へへへ
でも 見た目
だけじゃなくてね！
小回りが効いて
スピードも結構出るから
とっても気持ちよくて
リフレッシュに
なる！
今まで
気にしなかった
いろんな
景色が
見えてくるし！
そして おりたたんで
電車に載せれば
どこへでも連れていける！
海
山
街
おりたたみ自転車を
買ってから 週末が
待ち遠しくなった
んだよ！
あっ
ドン引き
している…
なんちゃって？
まあしょせん
趣味のひとつ
というか？
私
ようやく
わかりました
さえこさんが
最近すごく
いきいきして
きれいな
理由！
えっ

おしまい

おりたたみ
自転車
はじめました

あとがき

このたびは『おりたたみ自転車はじめました』をお読みくださり、ありがとうございました。

私がおりたたみ自転車の魅力にハマって、早いもので10年になります。もともと運動がそれほど得意でなかった私は、サイクリングはもとい、外でやる趣味には全く興味がありませんでした。そんな中で、「見た目がかわいい」「リフレッシュになるかも」という軽い気持ちで購入したおりたたみ自転車。

想像以上に軽い力でグングンと進める軽快感と、風をきって走る爽快感で、サイクリングってこんなに気持ち良かったんだと思ったことを覚えています。さらに「輪行」を覚えると、遠くの地でサイクリングできる、どこへでも行けるという高揚感で、次はどこに行こう？と、いつもワクワクしていました。リフレッシュのつもりだったサイクリングが、いつしか、週末が楽しみになるかけがえのない趣味になっていったのです。

そんな中で、ひとつ感じていたもどかしさもありました。それは、おりたたみ自転車という趣味を他の人にもおすすめしたいと思ったとき、その魅力の伝え方がとても難しいということです。おりたたみ自転車の利点は、「収納」や「輪行」のように、おりたためることによって広がる様々な使い方だと思うのですが、それがどう便利で楽しく使えるのかは、どうやっても一言では伝えきれません。

私と同じように運動が苦手な人も、若い人でもお年寄りでも。ご近所散策にも、遠くへの冒険旅行にも。おりたたみ自転車は、様々な人が色々な使い道で楽しめる手軽で便利な道具・趣味だと思うのです。

本書は、おりたたみ自転車を人におすすめするときに「これ読んでみると良いよ！」と手渡せるような本をめざして作りました。初めての人が特にとっかかりづらいと感じる「輪行」のやり方を中心に、ノウハウはできるだけ具体的に分かりやすく。そして、自転車でしか感じられない気持

ち良さやワクワク感を、漫画という形で追体験できるように表現してみました。ちょっとオーバーな表現もあるかもしれませんが、私が感じてきた自転車の楽しさを、この一冊にぎゅっと詰め込んだつもりです。

もし、この本があなたのおりたたみ自転車にハマるきっかけになったなら…。そして、そんなあなたがこの趣味を誰かにおすすめしたいと思ったときに「この本を渡してあげようかな」と思っていただけたなら、著者としてこれに勝る喜びはありません。

最後になりますが、この本を刊行するにあたって取材・掲載許可にご協力頂いた各店舗の皆さま、自転車メーカーの皆さま、真摯にご対応くださりありがとうございました。

また、常に熱いマインドで企画制作から尾道の取材同行まで携わってくださった編集の篠原さま、悩んだときに相談に乗ってくれて実作業まで手伝ってくれたなっちゃん、へこたれそうになったときに全力で応援してくれたつむちゃん、そしてツイッターで長年温かく応援し続けてくれた皆さま。どなたが欠けてもこの本は存在しなかったと思います。

そして、今この本を手に取ってくださった読者の皆さま。心から感謝申し上げます。本当にありがとうございました。

世の中は今コロナ禍で、日常の楽しみがたくさん奪われてしまっている中、少しでも早くこれが収束し、皆さまの生活が豊かになりますよう願っております。そして、おりたたみ自転車で日常を楽しめますように。それまで皆さま、どうかお元気でお過ごしください!

2021年 春

星井さえこ

おりたたみ自《じ》転《てん》車《しゃ》はじめました

2021年2月26日　初版発行
2024年5月30日　8版発行

著者　星《ほし》井《い》 さえこ

発行者　山下 直久

発行　株式会社 KADOKAWA
〒102-8177　東京都千代田区富士見2-13-3
☎0570-002-301（ナビダイヤル）

印刷所　大日本印刷株式会社

◎お問い合わせ
https://www.kadokawa.co.jp/
（「お問い合わせ」へお進みください）
※内容によっては、お答えできない場合があります。
※サポートは日本国内のみとさせていただきます。
※Japanese text only

定価はカバーに表示してあります。

ISBN978-4-04-605068-7 C0095
JASRAC 出 2100132-408